청소년들의 진로와 직업 탐색을 위한
잡프러포즈 시리즈 21

재미있는 글을 추구하는
웹소설 작가
web

재미있는 글을 추구하는

웹 소셜
web 작가

노경찬 지음

한 시간 독서로 누그러지지 않은
걱정은 결코 없다.

- 샤를 드 스콩다, Charles De Secondat -

누구나 재능은 있다.
드문 것은 그 재능이 이끄는 암흑 속으로
따라 들어갈 용기다.

— 에리카 종, Erica Jong —

C·O·N·T·E·N·T·S

C·O·N·T·E·N·T·S

웹 소 설 작 가 노 경 찬 의 프 러 포 즈

안녕하세요. 웹소설작가 노경찬이에요.

드라마나 영화, 만화, 연극 등 수많은 사람들이 즐기는 문화콘텐츠의 뼈대는 바로 이야기죠. 그 이야기를 만들고 말하고 보여주는 사람이 작가라는 존재고요.

작가 作家
집을 지어 만드는 사람
생생한 캐릭터를 만들고 그들이 살아 숨 쉬도록 스토리를 부여하며, 자신만의 세계관을 투영해 잘 버무린 후 이야기 집을 짓는 사람이 바로 작가죠.

제가 이런 작가들 중 하나가 된 건 필연이에요. 일찍이 이야기에 매료되었고, 저만의 스토리를 만드는 것을 무척이나 좋아했거든요. 물론 처음에는 이야기 집을 짓는 일이 쉽지 않았어요. 집의 기본이 되는 기둥조차 제대로 세우지 못했거든요. 부실공사가 반복됐지만 읽고, 쓰고, 읽고, 쓰기를 계속하다 보니 나름 보기 좋은 집이 만들어지기 시작했죠.

이야기 집을 만드는 건 매우 고된 일이라 작가를 꿈꾸는 많은 이들이 중도에 포기하고는 하죠. 힘에 겨워 고단해도 참고 견뎌내야 나만의 어엿한 집을 지을 수 있으며, 이야기 집 하나를 완성하는 순간 굉장한

보람을 느낄 수 있어요. 집을 짓는 모든 시간이 힘든 것만은 아니라 재미도 느낄 수 있고요. 그런 즐거움이 있기에 묵묵히 글을 쓸 수 있는 거겠죠.

많은 분들이 이 글을 읽고 과연 나도 할 수 있을까 하는 걱정을 할지도 모르겠어요. 제가 여러분에게 하고 싶은 말은 '일단 해보세요!'라는 말이에요. 일단은 내 이야기와 상상력을 남들에게 보여주는 것으로 시작하는 거예요. 그렇게 천천히 한 발 한 발 나아가세요. 완성된 이야기를 하나씩 만들어가다 보면 어느새 여러분은 작가라는 이름을 가지게 될 거예요. 계속 그 길을 걷다 보면 어느새 이야기를 짓는 장인이 될 수도 있고요.

시작하세요.
도전하세요.

조급해하지 말고 하루에 한 장씩, 일기를 적듯이 써보세요. 그게 시작이에요. 그 시작을 통해 이야기를 만드는 사람들의 세계에서 여러분들을 다시 만나 뵙기를 고대해요.

첫인사

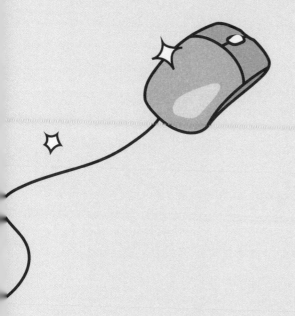

토크쇼 편집자 – 편

웹소설작가 노경찬 – 노

📧 먼저 자기소개를 부탁드려요.

📧 안녕하세요. 웹소설작가이자 두 아이의 아빠 노경찬이라고 해요. 웹소설을 주로 쓰지만 웹툰 스토리와 게임 스토리도 쓰고 있어요.

📧 이 일을 하신 지는 얼마나 되셨나요?

📧 2004년 12월 31일에 데뷔했으니 글을 써서 수입을 얻은 지 14년 정도가 되었네요. 그때가 스물일곱이었어요.

📧 그전에는 직장생활을 하셨나요?

📧 데뷔하기 전에는 마트와 호텔에서 시설을 관리하는 일을 했어요. 회사에 출근해서는 건물의 전기시설과 소방시설을 점검하고, 일하지 않는 시간에 습작을 했죠. 그렇게 7~8년간 두 가지 일을 병행했어요. 당시 출판시장에서는 책 한권을 쓰면 200~300만 원 정도를 받았어요. 한 달에 한 권을 쓰면 먹고 살 수는 있었겠지만 그게 말처럼 쉬운 일은 아니잖아요. 그래서 생업을 따로 두고 남는 시간에 글을 쓰며 생활했죠. 그런 생활이 이어지다 점차 글을 써서 얻는 수입이 늘어나기 시작했고, 2012년부터는 전업 작가가 되었어요.

편 데뷔 작품에 대해 간략하게 소개해주세요.

노 남자는 가을을 탄다는 말이 있잖아요. 제가 당시에 그랬던 것 같아요. 더위가 한풀 꺾이고 아침저녁으로 선선한 바람이 불어오던 때였는데 습작만 하다 문득 제 이름 석 자가 박힌 책이 갖고 싶었어요. 내 책을 쓰고 싶다는 생각이 들자 그때부터 사력을 다해 글을 쓰기 시작했죠. 두 달 동안 쓴 원고를 출판사에 보냈는데 그쪽에서 연락이 왔어요. 그때 낸 게『그녀의 수호기사』라는 로맨스 판타지소설이에요. 어렸을 적 자신을 구원한 귀족가의 영애를 지키기 위한 한 남자와 기사의 이야기죠. 아쉽게도 출판사 부도로 인해 완결을 짓지 못했네요.

편 첫 작품이 로맨스소설이라니, 의외예요.

노 제 기준에선 로맨스 판타지였는데 이게 남성들을 위한 로맨스였지 여성들을 위한 로맨스는 아니었나 봐요. 당시 편집자가 여성이었는데 제 책은 남자들의 로망을 충족시키기 위한 것이지 여자들이 공감하는 로맨스는 아니라고 했죠. 그 이후에도 로맨스 장르의 소설을 반 권 정도 썼는데 조회 수가 많이 나오질 않더라고요. 저는 나름대로 달달한 장면을 쓴 건데, 달달한 장면은 언제 나오는지 자꾸 묻는 거예요. 반응이 별로 좋지 않아서 다시 무협 판타지 장르로 돌아왔어요.

편 작가님이 쓰신 다른 작품도 소개해주세요.

노 2006년 작인 『사내대장부』와 『레드스톰』, 2007년 작인 『순백의 기사』와 『블랙리스트』, 2008년 작인 『사자의 아이』, 2009년 작인 『포졸 진가수』, 2011년 작인 『대사형』, 2012년 작인 『포졸 이강진』, 2015년 작인 『지천명 아비무쌍』 등이 있어요. 올해는 소설 『전쟁의 신』과 다음 포털 사이트의 토요 웹툰에는 『레드스톰』을, 화요 웹툰에는 『아비무쌍』을 연재하고 있고요.

대부분의 신인 작가들은 본인이 쓰고 싶었던 이야기가 반드시 하나는 있을 거라고 생각해요. 저 역시 제가 꼭 하고 싶었던 이야기를 쓰기 위해 글을 쓰기 시작했죠. 첫 작품 혹은 두세 작품까지는 자신이 그동안 쓰고 싶었던 이야기가 나와요. 백지상태에서 시작하는 것이 아니라 여태까지 상상해왔던 것들이 글로 다듬어지는 것이죠. 내 가치관이 주인공에게 투영되기도 하고요. 그러다 머릿속에 있는 이야기가 다 떨어지면 그때부터는 이 일로 쭉 먹고 살 수 있는지 없는지 두 가지 갈림길에 서게 돼요. 웹소설작가로 입문하기는 쉽지만 이 갈

림길에서 전업 작가의 길을 걷는 것은 쉽지 않죠. 제 작품들 역시 초기작은 데뷔하기 전에 제 머릿속에서 상상해왔던 이야기들이고, 중후반 작품부터는 새롭게 만들어낸 이야기라고 할 수 있어요.

📧 가장 애착이 가는 작품은 무엇인가요?

📧 첫 번째 책, 제 데뷔작이죠. 아무래도 가장 힘들게 썼고, 꼭 제 책을 내고 싶었는데 그 꿈을 이루게 해준 작품이기도 해서 가장 애착이 가요. 보통 책 한 권이면 원고지로 1,100매 정도가 나와요. 그 많은 원고지를 저만의 이야기로 채우는 것이 쉬운 일은 아니겠죠? 요즘에도 그런 숙제를 내주는지 모르겠는데 제가 학생 때 선생님께서는 원고지 30매 글쓰기 같은 숙제를 내주셨어요. 그런 날이면 학생들은 어떻게 30매를 다 채우나 한숨부터 쉬었죠. 그런데 1,100매라니 상상이 가세요? 그래도 1, 2권은 좀 수월해요. 3권부터가 고비죠. 3권에서 무너지는 작가도 많고요. 그런 작가들은 이야기를 길게 써본 경험이 없어서 그래요. 저 역시 처음에는 너무 힘들었어요. 어떻게 이야기를 더 진행시켜야 하는지 고민을 정말 많이 했죠. 그렇게 각고의 노력 끝에 탄생한 데뷔작이라 애착이 많이 가요.

첫 책이 나왔을 때 어떠셨어요?

드디어 제 책이 나왔다는 사실이 정말 기쁘고 좋았지만 아쉬운 부분도 많았어요. 최선을 다해 쓰긴 했지만 첫 작품이라 여러모로 부족한 점이 눈에 띄어서 창피하기도 했죠. 비문도 많고, 편집을 거쳤음에도 오타도 좀 있었거든요.

웹소설작가라는 직업을 선택한 이유가 있나요?

어려서부터 책 읽는 것을 좋아했는데 중학교 2학년 때까지는 세계문학전집이나 위인전집 같은 종류의 이른바 학교 추천 도서만 봤어요. 그러다 중학교 2학년 때 무협소설을 처음 보게 되었고 엄청난 충격을 받았죠. 책이 이렇게나 재미있을 수 있다는 걸 그때 처음 알았으니까요. 읽으면 읽을수록 남아 있는 페이지가 줄어드니 얼마나 안타까웠는지 몰라요. 그래서 다음에는 분량이 긴 무협소설을 찾아 읽게 되었고, 하루에 6~7권씩 읽을 정도로 푹 빠지는 바람에 공부는 뒷전으로 밀려났죠. 장르소설*을 접한 이후로 다른 분야의 책은 잘 읽지 않게 되었고, 책을 많이 읽다 보니 글 쓰는 것과도 자연스럽게 친해졌어요. 매일매일 글 쓰는 연습을 하며 습작을 시작했죠. 요즘 덕후**라는 말을 많이 쓰잖아요. 그야말로 전 장르소설 덕후라 이 분야에만 열중해 있으니 다른 장르의 소설을 쓴다는 생각은 할 수도 없었어요.

---

* 최근 본격화되고 있는 SF, 판타지, 추리, 호러, 로맨스 등 이전에는 '대중소설'로 통칭되던 소설의 하위 장르를 두루 포함하는 말이다. SF, 판타지, 추리, 호러, 로맨스를 읽는 독자층과 적극적인 옹호자들이 증가하면서 '대중소설'이라는 용어에 깃든 멸시감을 피하기 위해 문학계와 출판계, 저널리즘, 옹호자들이 암묵적으로 타협하여 사용하고 있는 용어라 할 수 있다.

** 한 분야에 깊이 심취한 사람을 뜻하는 일본어 '오타쿠'를 한국식으로 발음한 '오덕후'의 줄임말. 현재는 어떤 분야에 몰두해 전문가 이상의 열정과 흥미를 가지고 있는 사람이라는 긍정적인 의미로 사용된다.

편 이 직업을 프러포즈하는 이유는 뭔가요?

노 예전에 직업만족도 조사 결과를 본 적이 있었어요. 본인의 직업에 만족하는지 묻는 질문에 선뜻 '네'라고 대답할 수 있는 사람은 어떤 사람들일까요? 궁금해져서 순위를 살펴보니 자기만족도가 높은 직업군에 작가가 있더라고요. 많은 작가들이 높은 창작욕을 가지고 있기 때문에 작품을 통해 자기를 표현하는 일에 즐거움을 느낄 거라 생각해요. 한 작품을 무사히 끝날 때마다 성취감을 느낄 수도 있고요. 저 역시 그런 사람들 가운데 하나죠. 작가는 머릿속에 가상의 공간을 만들고 그곳에 하나의 세계를 창조 해내요. 그 세계가 유기적으로 돌아가도록 고민하는 일에서 희열을 느끼고요. 공상과 상상의 경계를 넘나들며 만들어낸 저만의 세계를 남들에게 보여주면 사람들은 즐거워하죠. 정말 신나는 일이에요. 글을 쓰는 데에는 공간의 제약도 받지 않아요. 시간도 자유롭게 쓸 수 있고요. 어디든 내가 있는 곳이 일터가 되죠. 외국에 나가서도 화장실에 가서도 지하철을 타고 이동하는 중에도 내가 원하면 일을 할 수가 있으니까요.

물론 매번 즐겁지만은 않아요. 웹소설작가가 되는 문턱은 낮은 편이라 누구든 노력만 하면 데뷔할 순 있지만, 버티는 일은 쉽지 않거든요. 대중들의 욕구를 충족시키기 위해 새로운 소재를 찾아내고 색다른 이야기를 만들어내는 일은 힘들고 고통스럽기도 하니까요. 그렇다고 미리부터 겁먹지는 마세요. 언제나 도전은 용기를 필요로 하잖아요. 모든 일이 항상 즐거울 수만도 없고요. 여러분의 꿈이 글을 쓰는 것이라면 처음부터 전업 작가가 되겠다고 마음먹기보단 다른 일을 하며 습작을 해보는 걸 추천해요. 매일매일 양치하듯 빠짐없이 글 쓰는 연습을 해보세요. 글 쓰는 습관이 들어야 데뷔 후에도 오래 버틸 수 있으니까요. 매일 새로운 글을 쓴다는 것이 쉬운 일은 아니잖아요. 그래서 제가 권하는 것이 바로 일기 쓰기예요. 그날 뭘 했는지를 쭉 나열하는 것이 아니라, 그날 벌어진 어떤 일에 대한 자신의 생각 그리고 타인의 의견 등을 내 나름대로 정리해보는 거죠. 그런 식으로 일기를 쓰다 보면 글 쓰는 게 어렵지만은 않을 거예요. 오늘 바로 시작해보세요.

웹소설작가란

웹소설이란 무엇인지 알려주세요.

편. 웹소설이란 무엇인지 알려주세요.

노. 웹소설은 종이책이 아니라 인터넷을 통해 연재되는 소설을 말하는데, 이 단어가 생긴지는 얼마 되지 않았어요. 최근 인터넷 환경이 발달하고 스마트폰과 태블릿PC 등의 모바일 시장이 활성화되면서 웹에 소설을 올리는 사람과 그것을 소비하는 사람이 많아졌죠. 이전에도 인터넷을 이용해 소설을 올렸지만 그때는 주로 인터넷 소설이나 온라인 소설이라는 말을 사용했어요. 그러다 인터넷 포털 사이트인 네이버에서 웹소설 서비스를 시작하면서 웹소설이라는 단어가 대중화되었나고 볼 수 있어요. 소설이라는 문학 양식은 아주 오래전부터 있어왔잖아요. 기록하는 방식이 종이에서 웹으로 변천되어 오면서 웹소설이라는 단어를 사용하게 된 거죠. 대부분 장르소설이 주를 이루는데, 그 종류로는 로맨스, 로맨스 판타지, 판타지, 무협, 미스터리, 라이트노벨, 퓨전 등이 있어요.

편. 한국의 웹소설은 어떻게 발전되어 왔나요?

노. 웹소설의 역사는 매우 짧아요. 웹툰보다도 나중에 생겼거든요. 그렇기 때문에 기술적인 발전을 얘기하기는 좀 이르다고 생각해요. 처음 생겼을 때와 마찬가지로 여전히 작가가 글을 써서 플랫폼에 올리면 독자들이 읽는 구조죠. 하지만 시장이 점차 확대되고 있는 것은 분명해요. 인터넷과 스마트폰의 보급률이 높아지고, 사람들이 종이책 대신 전자책을 보기 시작하자 대기업이 들어오게 되면서 시장이 굉장히 커졌거든요. 네이버는 2013년 1월에 웹소설 서비스를 시작했으며, 카카오톡_{스마트폰용 무료 통화 및 메신저 응용 프로그램}은 2013년 4월에 카카오페이지라는 앱 서비스를 만들어 웹소설을 연재하기 시작했어요. 이같은 대기업의 유입으로 웹소설 시장 규모가 매년 두 배 이상 커지고 있어요.

편 다른 나라의 웹소설 시장도 궁금해요.

노 서양의 경우 웹사이트에 연재한 글이 인기를 얻어 종이책으로 출간한 경우가 많아요. 같은 제목의 영화로도 개봉되어 큰 인기를 얻은 『마션』이라는 책, 들어보셨나요? 2015년에 전 세계 29개국에서 출간되어 베스트셀러가 된 책인데요. 『마션』도 처음엔 작가 앤디 위어가 자신의 블로그에 연재한 글로 시작했어요. 글이 인기를 얻자 2011년 독자들의 요청으로 전자

책으로 자비 출판을 했고, 2014년에 출판사와 판권 계약을 맺고 정식 출간하였죠. 존 스칼지도 개인 블로그를 열고 다양한 분야의 글을 선보이다 2002년『노인의 전쟁』이라는 글을 연재하기 시작했어요. 이 글은 로버트 A. 하인라인에 비견되는 이야기 솜씨로 입소문을 타며 인기를 끌었고, 2005년 종이책으로 출간되어 존 캠벨 신인상을 수상하는 등 큰 성공을 거두게 되었죠.

중국의 경우 웹소설 시장이 굉장히 커요. 워낙 인구가 많다 보니 우리나라와는 규모의 단위부터 다르고요. 중국의 웹소설이 본격적으로 태동하기 시작한 것은 90년대 후반, 인터넷이 발전하면서예요. 초반에는 진통 무협이 주된 소재였으나 점차 서구 판타지 스타일의 문학이 등장하기 시작했고, 여성

작가노트

로버트 A. 하인라인 Robert A. Heinlein

미국의 SF 작가인 로버트 A. 하인라인은 아이작 아시모프, 아서 C. 클라크와 함께 SF계의 빅 3로 불리는 거장이에요. SF 자체의 질을 높여 새로운 가설에 근거한 사색적인 소설의 장르로 만드는데 공헌하였죠. SF 장르가 오늘날의 형태로 정착하는데 가장 큰 영향을 미친 작가라 할 수 있어요.

무협과 코미디 무협이라는 장르까지 생기며 다양한 문학이 인기를 얻었어요. 인기를 얻은 이들 웹소설은 게임이나 영화, 드라마 등으로 다각화되며 큰 성공을 거두고 있죠. 중국에서 웹소설이 각광받는 이유를 생각해 보면, 웹소설 자체의 재미도 있지만 또 다른 부가가치의 창출이 가능하기 때문인 것으로 보고 있어요. 지금은 원 소스 멀티유즈One-Source Multi-Use, 하나의 소재를 서로 다른 장르에 적용하여 파급효과를 노리는 마케팅 전략 시대잖아요. 인기 있는 원작 웹소설은 영화나 드라마, 게임 등의 파생상품으로 응용되는 경우가 많죠. 우리나라도 그렇고요.

편 웹소설이 생기고 수요가 점점 많아지면서 달라진 점이 있을까요?

노 예전에는 무협소설을 무협지라고 낮춰 부르며 이를 좋아하면 수준이 낮다며 폄훼하기도 했는데, 요즘엔 하나의 문화 콘텐츠로 인식하는 사람들이 많아졌어요. 웹소설을 소비하는 독자들의 태도도 달라졌죠. 예전엔 내가 읽는 책을 남들이 어떻게 볼 것인지 신경 썼다면 지금 독자들은 그렇지가 않거든요. "너는 너 읽고 싶은 책 읽어, 난 무협 읽을래, 난 판타지 읽을래, 이게 재밌거든"하고 말이에요. 수요가 많은 만큼 작가들의 수입도 늘었죠. 웹소설작가 중에는 글만 써서 한 달에 천만 원이 넘는 수입을 올리는 작가가 많거든요. 전체의 5% 정도가 그럴걸요. 순수문학 작가들의 경우 고소득 작가가 손에 꼽히는데 말이에요. 그래서 요즘엔 기성 작가 중에서도 웹소설에 도전하는 작가가 꽤 있다고 해요.

📱 어떻게 이 직업이 생겼는지 궁금해요.

🔖 종이책 시장이 전자책과 웹소설로 넘어오면서 자신만의 소설을 쓰고 싶었던 많은 사람들에게 기회가 열렸어요. 수많은 사람들이 도전을 하면서 그만큼 많은 글이 탄생했고, 인터넷을 통해 글을 읽는 사람들도 많아졌죠. 그러면서 독자들의 새로운 욕구를 충족시키며 계속해서 글을 쓰는 사람들이 웹소설작가가 되었어요.

웹소설작가라는 직업에 대해 소개해주세요.

편 웹소설작가라는 직업에 대해 소개해주세요.

노 웹소설작가는 많은 사람들이 즐겁게 읽을 수 있는 글을 쓰는 사람이에요. 상상력에 바탕을 두고 허구적으로 꾸며낸 이야기에 작가가 가진 세계관을 풀어내며 독자들과 공감하죠. 보통 로맨스나 로맨스 판타지, 판타지, 무협, 미스터리, 라이트노벨 등의 장르소설을 써요. 웹소설작가 또는 작가가 직업이라고 하면 많은 사람들이 멋지다, 부럽다는 얘기를 해요. 분위기 좋은 카페나 책으로 둘러싸인 멋진 작업실에서 노트북을 펼쳐놓고 글을 쓰는 우아한 모습이 연상되나 봐요. 미디어에서 본 모습들 때문에 그런 환상을 가지고 있는 것 같아요.

하지만 실상은 무척이나 고되죠. 특히 웹소설작가는 많은 분량의 글을 써야 하기 때문에 아침에 일어나 밤이 다 되도록 글만 써야 하는 날도 많아요. 생각보다 우아하거나 쉽지만은 않은 일이죠. 프랑스 작가이자 기 드 모파상의 스승인 귀스타브 플로베르가 글쓰기에 대해 한 말이 작가라는 직업에 대해 잘 얘기해준다고 생각해요. 그는 이렇게 말했죠. "몸이 아파서 하루에 몇 백 번이나 심한 고통을 느껴야 했다. 그러나 나는 노동자처럼 괴로운 작업을 계속해나갔다. 나는 소매를 걷어 붙이고, 이마에 땀을 흘리며, 비 오는 날이거나 바람 부는 날이거나 눈이 내리거나 번개가 치는 속에서도 망치를 내리치는 대장장이처럼 맹렬하게 글을 썼다." 많은 웹소설작가들이 특별한 일이 없는 한 플로베르처럼 매일매일 많은 시간을 글을 쓰는데 할애하죠.

 작가노트

기 드 모파상 Guy de Maupassant

19세기 후반 프랑스의 소설가인 기 드 모파상의 장편소설 『여자의 일생』은 프랑스 사실주의 문학이 낳은 걸작으로 평가돼요. 그의 소설은 무감동적인 문체로 이상 성격 소유자, 염세주의적 인물이 많이 등장하는 것이 특징이죠.

귀스타브 플로베르 Gustave Flaubert

프랑스 작가인 귀스타브 플로베르는 꿈 많은 자기 자신 또는 무언가를 천착하기를 좋아하는 자기 자신의 모습을 우스꽝스러운 존재로 관조하는 작품을 많이 남겼어요. 신비평파의 비평가들은 문학을 결연히 언어의 문제로 환원시킨 최초의 작가로서 플로베르를 누보로망의 원류라 평했죠.

편 일반 작가와 다른 점은 무엇인가요?

노 웹소설작가나 일반 작가나 전문적으로 글을 쓰는 사람인 건 마찬가지에요. 모든 작가는 자신이 하고 싶은 이야기를 결정하고, 그 주제를 효과적으로 나타내기 위한 소재를 적절히 구성하며 독자들의 공감을 이끌어내기 위해 애쓰죠. 단지 이야기를 통해 추구하는 것만 다를 뿐이죠. 순수문학 작가가 추구하는 것이 현실과 시대의 상황과는 무관한 예술로서의 작품 그 자체라면 웹소설작가는 궁극적으로 재미를 추구해요. 웹소설은 재미가 없으면 독자들의 외면을 받을 수밖에 없거든요.

편 14년 동안 이 일을 해오셨는데 예전과 비교했을 때 지금 후배들과 다른 점이 있을까요?

노 웹소설 시장의 시스템 자체에 변한 것이 없어서 예전이나 지금이나 작가들의 상황에서 달라진 건 없어요. 글을 써서 플랫폼에 올리는 방식은 그대로라 저나 후배나 독자들이 공감할 수 있는 글을 써서 그들의 반응을 이끌어내야 하는 건 마찬가지죠.

우리가 알만한 유명한 웹소설작가가 있을까요?

편 우리가 알만한 유명한 웹소설작가가 있을까요?

노 시대별로 유명한 작가들이 있죠. 예전에는 『룬의 아이들』을 쓴 전민희 작가나 『드래곤 라자』를 쓴 이영도 작가, 『퇴마록』을 쓴 이우혁 작가가 인기가 많았어요. 요즘 독자들은 잘 모르겠지만요. 전민희 작가는 1990년대 말 PC통신 나우누리에 『세월의 돌』을 연재하며 주목받기 시작했어요. 작가 특유의 유려한 문체와 개성 있는 캐릭터로 많은 사랑을 받았죠. 전민희 작가의 소설은 해외에 변역, 수출되어 큰 호평을 받기도 했어요. 이영도 작가는 1998년 PC통신 하이텔에 『드래곤 라자』를 연재하면서 폭발적인 반응을 불러일으켰어요. 책으로 출간되어 백만 부를 돌파하며 한국 판타지소설의 시대를 열었다는 평가를 받고 있죠. 무한한 상상력과 깊이 있는 세계관, 뛰어난 작품성을 인정받아 판타지소설 최초로 초등학교 문학 교과서에 수록되며 큰 화제가 되었어요. 이우혁 작가는 1993년 PC통신 하이텔에 심심풀이로 소설을 올렸는데 폭발적인 인기를 얻자 출간을 했고 책도 좋은 반응을 얻어 밀리언셀러가 되었어요. 그 소설이 바로 영화로도 만들어진 〈퇴마록〉이죠. 독특한 소재와 빠른 전개, 탄탄한 구성, 개성 있는 캐릭터로 큰 사랑을 받으며 통신 연재소설의 시대를 연 작가예요.

요즘에는 『달빛 조각사』의 남희성 작가가 가장 유명하지 않을까 싶어요. 『해를 품은 달』의 정은궐 작가도 많이들 아실 것 같고요. 남희성 작가는 2007년부터 연재를 시작한 『달빛 조각사』로 큰 인기를 얻은 작가예요. 책으로 출간되어 백만 부 이상 판매고를 올렸으며, 웹툰화되기도 했죠. 소설을 기반으로 MMORPG^{Massive Multiplayer Online Role Playing Game의 줄임말로 역할을 수행하는 놀이를 통해 캐릭터의 성격을 형성하고 문제를 해결해나가는 형태의 게임}도 만들어지고 있는데, 여기에 200억 원이 투자되었다고 해요. 이와 같은 투자 규모는 모바일 게임으로는 매우 이례적인 일인데, 『달빛 조각사』의 가치가 최소 200억 원은 된다고 판단했기 때문이겠죠. 정은궐 작가는 『성균관 유생들의 나날』, 『규장각 각신들의 나날』, 『해를 품은 달』로 사극 로맨스의 장을 열었어요. 다양한 연령의 독자들에게 사랑받는 인기 작가죠. 『성균관 유생들의 나날』은 드라마 〈성균관 스캔들〉로 각색되었는데, 뚜렷한 캐릭터 설정으로 주인공뿐만 아니라 조연들에게까지 시선이 집중되어 신선한 청춘 시대물이라는 좋은 평가를 받았어요. 『해를 품은 달』 역시 드라마로 각색되었는데 40%가 넘는 높은 시청률을 기록하며 큰 인기를 끌었죠.

편 무협소설 작가들은 필명을 많이 쓰더라고요. 작가님은 어떠세요?

노 예전에는 대부분의 무협소설 작가들이 필명을 썼어요. 저는 실명을 쓰는데 멋있어 보여서 혹은 신비감을 주기 위해 필명을 쓰는 작가도 있고, 본인을 밝히고 싶지 않아 필명을 쓰는 작가도 있죠.

편 작가님이 좋아하는 웹소설작가는 누구인가요?

노 저는『거고붉이기』를 쓴 임준욱 작가를 좋아해요. 임준욱 작가는 그 어떤 소재를 가지고도 사람들의 공감을 이끌어내는 재주가 있어요. 무협소설이지만 싸우는 이야기보단 우리의 삶을 다룬 이야기가 더 많이 나오죠. 저 역시 무협을 쓰기 때문에 제 소설에는 싸우는 장면이 많지만 글의 중심은 결국 우리가 사는 이야기로 귀결돼요. 무엇보다 사람 사는 이야기를 좋아하는 제 성향이 임준욱 작가의 글을 좋아하게 만든다고 생각해요.

그리고 웹소설을 쓰진 않았지만 홍콩의 장르소설 대가인

김용 작가도 좋아해요. 장르소설은 원래 대중소설이라 불렸다고 했잖아요. 대중적으로 가장 많은 사랑을 받은 작가였는데, 그 대중에 제가 있었죠. 김용 작가는 뛰어난 스토리텔러예요. 지루하지 않은 전개와 뚜렷한 캐릭터로 독자들의 흥미를 자극시키죠. 그가 소설 속에 쏟아내는 방대한 지식도 압권이고요. 실제 그는 어문학, 철학, 사학, 종교학 등 중국 전통의 인문학 전반에 높은 수준의 식견을 지니고 있다고 해요. 이 때문에 신필神筆이라 불리며, 판타지에 톨킨이 있다면, 무협에는 김용이 있다고 할 정도죠.

 작가노트

J.R.R. 톨킨 J.R.R. Tolkien

영국의 영문학자이자 소설가인 J.R.R. 톨킨의 소설 『반지 원정대』, 『두 개의 탑』, 『왕의 귀환』으로 이루어진 『반지의 제왕』 3부작은 판타지소설의 고전으로 불려요. 20세기 영문학사에 큰 발자취를 남겼으며, 현대 판타지소설이라는 새 장르를 발전시킨 작가로 꼽히죠.

편 과거 대학 도서관의 도서 대출 순위 분석 결과 판타지, 무협, 추리가 대다수였다고 하던데 요즘에도 그런 장르의 인기가 많나요?

노 네. 요즘 많은 사람들이 웹소설을 읽는 이유와 마찬가지로 그런 장르소설들이 재미있기 때문에 그렇죠. 제 개인적인 의견일지도 모르겠지만 제가 아는 모든 작가들은 이렇게 얘기해요. 글은 재미있어야 한다고요. 많은 독자들이 재미있는 글을 원하거든요. 인간이 즐거움을 찾는 것은 본능이기 때문이죠. 독서에는 다양한 목적이 있지만 저는 그중에 아주 큰 부분을 차지하는 것이 재미와 즐거움이라고 봐요. 인문학적 사유를 위한 독서도 좋지만 재미있는 책을 읽는 것 역시 중요하다고 생각해요.

웹소설작가는 구체적으로 어떤 일을 하나요?

편 웹소설작가는 구체적으로 어떤 일을 하나요?

노 작가는 소설을 창작하는 일을 하는데, 일반적으로 소설을 쓰기 위해 먼저 작품의 주제를 잡고, 내용에 따른 캐릭터와 시대적인 배경, 장소 등을 설정하죠. 이야기를 어떻게 전개해나갈 것인지 구상하고, 이때 필요한 자료를 수집하고 분석하기도 하고요. 이렇게 시놉시스를 구상하고 이를 토대로 글을 써서 플랫폼에 올리는데, 저 같은 경우 미리 시놉시스를 구상하지 않아요. 시놉시스라는 게 이야기의 개요이자 전체적인 흐름을 말하는 건데 저는 미리 전체 줄거리를 짜지 않고, 그날그날 무슨 일이 있었는지 소재만 잡아서 글을 쓰고 있죠.

편 그런 식으로 작업하는 특별한 이유가 있나요?

노 웹소설은 장편을 써야 해요. 지금 옆에 있는 책장을 보면 알겠지만 6권 이하로 나온 책은 거의 없죠? 6권짜리도 예전에 나온 책이고 요즘은 최소 12권은 나와줘야 해요. 독자들의 요구가 그렇거든요. 이렇게 장편을 써야 하는 웹소설작가들은 시놉시스를 정해서 쓰더라도 그대로 유지하기가 힘들어요. 중간에 다른 이야기로 가는 경우가 허다하죠. 그럴 바에는 그냥 시놉시스 없이 하루하루 이야기를 만들고 이어나가자 하는 생각을 가지고 쓰고 있어요.

편 작품을 쓰기 위해 따로 자료 조사를 하는지, 아니면 상상력만으로 쓰는지 궁금해요.

노 저는 무협을 주로 쓰기 때문에 자료 조사를 할 일이 별로 없어요. 무협이란 게 예전에 읽었던 고전에서 별로 변한 것이 없거든요. 정형화됐다고 하죠? 그런 장르라 주로 기존에 알고 있는 이야기 뼈대에 상상력을 동원해 살을 붙여가며 쓰는 편이에요. 그렇지만 주인공이 변호사나 경찰, 소방관, 의사 같은 전문직이라면 자료 조사가 꼭 필요하겠죠. 적어도 그들이 쓰는 전문용어는 알아야 하니까요. 역사를 바탕으로 하는 소설의 경우 판타지라 하더라도 기본적인 배경을 참고하기 위해 자료 조사를 하기도 하고요.

편 작품을 구상하는 과정에서 비하인드 스토리가 있을 것 같은데요.

노 제 얘기는 아니고 아는 후배 얘긴데요. 그 후배가 『레이

센』이라는 게임소설을 썼어요. 읽어봤는데 캐릭터가 정말 재미있고 생생하게 살아 움직이는 것 같더라고요. 캐릭터를 정말 잘 잡았다고 칭찬했더니, 고향 친구들을 캐릭터로 잡은 거래요. 내가 만약 친구들과 게임 속에 들어간다면 어떨까를 전제로 한 소설이라 그 친구들의 말투나 성격, 행동을 캐릭터에 고스란히 담은 거죠. 저희들끼리는 캐릭터가 잘 잡혀있지 않으면 흔들린다는 표현을 쓰는데, 이 소설의 캐릭터는 전혀 흔들림이 없어요.

편 게임소설은 뭔가요?

노 게임소설 혹은 게임판타지소설은 온라인게임을 소재로 이야기를 전개시키는 장르소설의 하나예요. 주로 주인공이 온라인게임의 캐릭터가 되거나 온라인게임에 접속해 그곳에서 캐릭터를 키우며 겪는 이야기를 다루죠. 그렇기 때문에 게임과 현실이라는 두 가지 배경을 갖게 되며, 게임이라는 소재를 통해 다양한 세계관을 보여줘요. 흔히들 독자는 소설의 주인공에게 자신을 투영한다고 하잖아요. 게임소설을 좋아하는 사람들은 책을 읽으면서 점점 강해지는 주인공에게 자신을 이입하며 대리만족을 느껴요.

편 평소에 작품을 준비하면서 가장 신경 쓰는 점은 무엇인가요?

노 저는 독자들의 공감을 중요하게 생각해요. 내 이야기를 읽고 공감해줬으면 좋겠다는 게 작가로서의 가장 큰 바람이거든요. 제 전작의 주인공이 세 아이를 키우는 홀아비였어요. 글을 올리고 댓글을 봤는데, 아이가 있는지, 어쩜 그렇게 육아에 관해 잘 아는지 묻는 질문이 많았죠. 실제 아이가 있는데 그 아이를 돌보는 게 정말 힘들더라고요. 쉬지 않고 계속 울어대면 내 아이라도 짜증날 때가 있고요. 죄책감은 들지만 아이 보는 게 너무 벅차면 아내한테만 맡기고 도망을 가죠. 그런 경험이 있어서 육아 스트레스가 얼마나 큰지 잘 알아요. 그런 일상의 경험들을 소설로 옮겨놨더니 많은 공감을 얻게 되더라고요. 원하던 걸 이끌어내서 정말 기분이 좋았어요.

편 기획회의나 편집회의도 하나요?

노 신인들은 가끔씩 회의를 하는데, 경력이 생길수록 잘 안하더라고요. 많은 작가들이 자신의 글을 재미있다고 쓰긴 하지만 다른 사람들도 좋아해 줄 거라는 확신은 없잖아요. 그런 경우 기성 작가들은 회의를 통해 방향을 잡는 경우가 종종 있어요. 내 글이 과연 시장에서 통할 것인가 하는 고민이 많기 때문에 저도 매니지먼트 대표에게 보내 느낌을 묻곤 하죠. 그리고 수정할 부분을 상의하며 독자들이 좋아할 방향으로 조율해요.

편 작품이 플랫폼이나 포털과도 잘 맞아야 할 것 같아요.

노 제 소설은 대중들의 공감을 이끌어내는 것에는 강한데, 독자들이 읽고 대리만족을 느낄 수 있는 글은 아니에요. 그래서 어떤 플랫폼에 글을 올리던 굉장히 인기가 있는 것도 아니고, 인기가 아예 없지도 않죠. 꾸준히 읽히는 수준이에요. 성별이나 연령을 가리지 않고 재미있다고 하는 작품들 역시 어느 플랫폼에 올리건 인기가 있기 때문에 1위를 하곤 하죠. 반면 타깃층이 뚜렷한 작품이라면 그런 독자들이 많은 플랫폼에서 더 인기가 많을 테니 영향을 좀 받겠죠.

그리고 중요한 게 플랫폼마다 소설이 노출되는 방식이 달라요. 예를 들어 문피아^{웹소설 연재 플랫폼} 같은 경우는 독자가 소설을 검색해서 찾아볼 수 있는데, 카카오페이지의 경우 그런 시스템이 아니라서 광고가 굉장히 중요하죠. 배너^{인터넷 홈페이지에 띠 모양으로 부착하는 광고} 하나가 걸리는 것과 걸리지 않는 것에는 수익이 몇 천만 원씩 차이가 나거든요.

편 웹소설은 종이책이 기반인 소설과 다른 점이 있을 것 같아요. 웹소설을 쓰기 위해서는 어떤 부분을 염두에 두어야 하나요?

노 종이책의 경우 책 한 권을 읽는다고 했을 때 앞부분이 특별히 재미있지 않더라도 결말을 궁금하게 만들고, 괜찮은 결말을 넣어주면 독자들이 만족한다고 생각해요. 매 챕터마다 재미라는 요소가 꼭 필요한 건 아니죠. 웹소설의 경우 매 회마다 결제를 해서 보는데, 그때마다 재미있는 부분이 꼭 나와 줘야 다음 회를 보게 되죠. 3회 정도 봤는데 재미가 없으면 그 뒤로는 보지 않는 독자들이 많아요. 그걸 꼭 염두에 두고 흥미로운 요소, 다음 회를 궁금하게 만드는 요소를 군데군데 심어 놔야 해요.

편 제목에도 영향을 많이 받나요?

노 맞아요. 제목에 영향을 많이 받아요. 장르소설은 궁극적으로 재미를 추구하기 때문에 제목도 호기심을 유발하거나 강력한 이미지를 주는 것이 좋죠. 예전에는 제목만 보고는 어떤 이야기인지 짐작하기가 어려웠는데, 요즘은 제목만 봐도 소설의 주제를 알 수 있는 경우가 많죠. 그렇기 때문에 제목 자체가 흥미를 유발할 경우 1회의 조회 수가 굉장히 높아져요. 그 다음 회의 조회 수가 높은 것은 글이 재미있어서고요. 그렇기 때문에 독자가 내 글을 읽게 하려면 우선 제목에 끌리도록 만들어야 해요.

편 제목도 직접 정하시나요?

노 네이밍 센스가 좋은 사람들이 있죠. 저는 그렇지가 못해요. 그래서 저 같은 경우 대부분 독자들의 댓글을 통해 아이디어를 얻거나 매니지먼트에게 위임하고 있어요.

편 글을 쓰는 과정 중에서 가장 좋아하는 작업은 무엇인가요?

노 저는 무엇을 쓸까 상상하는 순간들이 가장 즐거워요. 상상은 사람을 기분 좋게 만들어주고, 다시 글을 쓸 수 있는 힘을 줘요. 상상은 침대에 편히 누워서도 할 수 있고, 친구와 밥을 먹다가도 할 수 있고, 가족들과 여행을 가서도 할 수 있어요. 언제든 어떤 상황이든 마음만 먹으면 할 수 있으니 힘들 일도 없죠. 그래서 상상하는 게 가장 신나요.

남녀비율은 어떻게 되나요?

편 남녀비율은 어떻게 되나요?

노 장르에 따라 비율이 조금씩 달라요. 판타지나 무협, 퓨전 쪽으로는 남자 작가가 좀 더 많고, 로맨스 쪽으로는 상대적으로 여자 작가들이 많죠.

외국의 웹소설작가에 비해 국내의 대우는 어떤가요?

편 외국의 웹소설작가에 비해 국내의 대우는 어떤가요?

노 대우를 작가의 수입이라고 본다면, 외국에 비해 좋거나 나쁘다고 말하기는 어려워요. 외국 작가든 국내 작가든 대중들에게 많은 지지를 받으며 많이 팔리는 작가가 대우가 좋으니까요.

편 인기가 많아 해외에 수출된 작품도 있나요? 해외에 번역, 수출된 작가의 작품도 소개해주세요.

노 요즘은 수출되는 소설이 많이 없다고 들었어요. 예전에 웹소설작가는 아니지만 많이들 아는 인터넷 소설가 귀여니의 『그 놈은 멋있었다』가 중국과 일본, 태국, 대만 등 아시아 각국에 잇달아 수출되어 큰 인기를 얻었죠. 앞서 얘기한 전민희 작가의 경우 대부분의 소설이 해외에 번역, 수출되어 호평을 받았고요. 특히 『룬의 아이들』은 2006년 야후 재팬_{일본의 최대 포털 사}_{이트} 선정 10대에서 가장 많이 읽힌 책에 이름을 올리기도 했어요. 이영도 작가는 해외 인세 수입만 5억 원에 달한다고 하네요. 해외로 수출된 소설로는 기록적인 수치죠.

이 분야에 대한 수요가 많은가요?

편 이 분야에 대한 수요가 많은가요?

노 스마트폰으로 콘텐츠를 보게 되면 본인의 호흡에 맞게 넘겨보거나 쉬었다가 볼 수 있어요. 중간중간 자신의 생각을 정리하거나 되돌아볼 수 있는 여백의 미학이 있는 거죠. 그런 이유 등으로 웹소설에 대한 수요가 꾸준히 늘고 있다고 생각해요. 예전에는 다양한 콘텐츠 중에서도 단연 웹툰이 많은 사람들의 사랑을 받았는데요. 최근에는 재미와 공감, 위안을 주는 웹소설이 스낵 컬처^{과자를 먹듯 짧은 시간에 문화콘텐츠를 소비하는 것}의 다크호스로 떠올랐어요. 웹소설 시장 규모를 보면, 2013년 100억 원이었던 것이 2016년에는 800억 원까지 성장했죠. 웹툰은 무료라는 인식이 퍼져있는 반면 웹소설은 유료라는 인식이 일찌감치 자리 잡은 덕분에 매출 성장세는 웹툰 시장보다 빠르다고 하네요. 앞으로도 시장이 더욱 확대될 것으로 예상되어 웹소설 플랫폼에 대한 투자도 많아지고 있고요.

편 누구나 쉽게 플랫폼에 작품을 연재할 수 있으니 헤비 독자에서 창작자로 전환되는 경우가 있다고 하는데, 성장 가능성이 크게 점쳐지는 만큼 그런 이들 또한 많을 것 같아요.

🄽 정말 많죠. 눈앞에 있는 저 역시 헤비 독자이자 웹소설작가고요. 웹소설작가로 데뷔하는 것은 말씀처럼 정말 쉬워요. 하지만 꾸준히 쓰는 작가가 되기는 쉽지 않죠. 제 개인적인 생각으로 꾸준히 쓰기 위해서는 재능도 있어야 하지만 그것보다 중요한 게 노력이지 않을까 싶어요. 비율로 보자면 재능이 20%, 노력이 80% 정도로요.

🄿 사물이나 현상을 볼 때 일반인들과는 다른 관점으로 보시나요?

🄽 꼭 그렇지는 않아요. 제가 쓰는 소설이 어차피 대중소설이잖아요. 대중의 속성, 대중이 원하는 것을 알기 위해서는 대중과 같은 눈높이에 있을 필요가 있으니까요.

🄿 현역에 있는 웹소설작가는 몇 명 정도인가요?

🄽 요즘 들어 더 많아졌어요. 직업의 특성상 정확한 수를 알기는 어렵지만 제가 체감하기에 2천 명 이상이 활동하는 것 같아요.

이 직업만의 매력과 장점은 무엇인가요?

편 이 직업만의 매력과 장점은 무엇인가요?

노 이 일의 매력은 시간을 자신의 의지대로 쓸 수 있다는 거죠. 일하는 시간과 쉬는 시간을 마음대로 정할 수 있으니까요. 글을 쓰는 장소 역시 어디든 상관없어요. 새벽부터 거세게 비가 내리는 날이라고 가정해봐요. 일반 직장인이라면 출근하기 싫은 날이 될 수도 있겠죠. 가방에 커다란 우산까지 들고 흙탕물을 피해 걷는 것은 불편하니까요. 그런 날 저는 따뜻한 방 안에서 커피 한 잔을 마시며 글을 쓰는데, 그런 저에게 창밖의 비는 귀찮고 지저분한 존재가 아니죠.

그리고 무엇보다 내 생각, 나만의 상상, 내가 만든 세계관을 글로 표현하면서 극한의 자유를 얻을 수 있어요. 소설 안에서는 무엇이든 가능하니까요. 그래서 정말 즐겁게 일하는데, 그 좋아하는 일을 하면서 돈까지 벌 수 있으니 얼마나 좋아요. 거기에 더해 독자들이 제 글을 재미있어하고 사람들의 반응이 좋으면 쓰는 저는 더 기쁘고요.

편 글은 주로 밤에 쓰나요?

노 작가들마다 글을 쓰는 패턴이 다 다른데, 저 같은 경우 주로 낮 시간에 글을 쓰고 있어요. 젊었을 때는 밤에 많이 썼는데, 요즘은 낮과 밤을 정확히 구분해서 낮에 주로 쓰려고 노력 중이거든요.

편 창작이라는 건 누구나 쉽게 할 수 있는 일은 아니잖아요. 힘들여 쓴 자신의 작품을 좋아해주는 독자들이 있다면 정말 기쁠 것 같아요.

노 제 생각은 좀 다른데요. 창작은 누구나 쉽게 할 수 있다고 생각해요. 수준이야 어떻든지 다른 사람들이 어떻게 생각하든지 글을 쓰기만 하면 그게 창작이니까요. 처음 글을 쓰는 사람들은 대부분 자기만족을 위해 쓰기 때문에 여러분도 별로 어렵지 않게 시작할 수 있어요. 힘들고 어려운 것은 다른 사람들의 공감을 이끌어내고 그들이 좋아하는 글을 쓰는 것이죠. 그 어려운 일을 해냈기에 제 소설을 좋아해주는 독자들이 생기면 말씀처럼 정말 기쁘고요.

편 반대로 독자들에게 외면당하면 좌절할 것 같아요.

노 맞아요. 대중소설을 쓰는 작가로서 독자들의 외면을 받는다면 좌절할 수밖에 없고 다시 글을 쓰는 게 힘들어지죠. 그래서 데뷔한 작가는 많아도 오래도록 꾸준히 쓰는 작가가 많지 않은 거예요. 좌절을 딛고 일어나야 진짜 작가가 된다고도 볼 수 있고요. 글을 쓰다 보면 한 번쯤은 그것도 글이냐, 내가 발로 써도 그것보단 낫겠다와 같은 심한 댓글을 보게 돼요. 그런 반응에 바로 기운을 꺾이기보단 대중의 속성을 파악하는 계기로 만들어야 하겠죠.

편 이 직업의 단점에 대해 알려주세요.

노 물론 단점도 존재해요. 자유롭게 일할 수 있는 대신 그만큼의 의무감을 가져야 하죠. 언제 어디서나 글을 써도 좋고, 쓰기 싫은 날은 쓰지 않아도 뭐라 할 사람은 없어요. 단 글을 안 쓰면 돈을 벌수가 없죠. 재미없는 글을 써도 수입이 줄겠고요. 또한 연재라는 특성상 그날 써야 할 글을 반드시 써야 하기 때문에 압박감이 좀 있어요. 보통 작가들이 마감에 쫓긴다는 표현을 쓰잖아요. 마감 시간까지는 그날의 분량을 모두 채워야 하죠.

편 하루 종일 앉아서 글을 쓰는 일이 지겹거나 힘들지는 않으세요?

노 많이 힘들죠. 그래서 하루에 몇 시간 글을 쓰겠다고 정해놓는 것은 큰 의미가 없어요. 하루 동안 몇 장을 쓰겠다고 분량을 정해놓아야 하죠. 정해놓은 시간 동안 의자에는 앉아 있을지 몰라도 그 시간 내내 글을 쓰지는 못하니까요. 지겹기도 하고, 글이 잘 풀리지 않으면 딴 생각도 들고, 앉아있는 것 자체가 고되기도 하거든요.

편. 외향적인 사람들은 좀 힘들 수도 있을 것 같아요. 어떤가요?

노. 주변 작가들을 보면 확실히 내성적이거나 집안에 있는 것을 좋아하는 사람들이 많기는 해요. 해외여행을 가도 관광지에 가는 대신 호텔 방에 틀어박혀 있는 사람이 많죠. 저 역시 그래요. 저는 베트남에 자주 가는데 관광지라고 할만한 곳은 거의 가지 않고 호텔 방이나 카페에서 글만 써요.

편 글 쓰는 작업이 재미도 있지만 고독할 것 같아요.

노 맞아요. 때론 고독하고 외롭기도 하죠. 그래서 함께 모여 같이 글을 쓰는 작가들도 많아요. 우선 외로움이 덜하고, 각자 글을 쓰다 잠깐 모여서 담배도 피우고 커피도 마시면서 이야기를 나누다 보면 피로한 상태에서 벗어나 다시 기운을 낼 수도 있죠.

작가의 입장에서 좋은 작품이란 어떤 것인가요?

편 작가의 입장에서 좋은 작품이란 어떤 것인가요?

노 명확하죠. 많이 팔리는 작품이 좋은 작품이에요. 굉장히 상업적이고 속물적이라고 생각할지도 모르겠지만 저는 그래요. 돈은 하찮은 것이 아니라 누구에게나 소중해요. 사람들이 그런 귀중한 돈을 소설을 읽는데 지불한다는 것은 그 소설이 가치가 있다는 뜻이겠죠. 그 가치가 재미든 감동이든 뭐든 말이에요. 다시 말해 많은 이들이 찾는 재미있는 작품이 좋은 작품이라고 생각해요.

편 새로 도전해보고 싶은 장르가 있나요?

노 로맨스에 도전해보고 싶어요. 지금 쓰고 있는 무협 말고 다른 장르에서도 성과를 내보고 싶은 욕심이 있거든요. 그리고 여성 독자들이 로맨스소설을 주로 읽는데, 저도 재미있고 유쾌한 로맨스소설을 써서 여성 독자 팬들을 확보하고 싶은 마음도 있고요.

편 웹소설작가의 미래는 어떨까요?

노 웹소설은 탄탄한 마니아층을 발판으로 빠르게 성장하고 있어요. 지난 2017년 KT 경제경영연구소의 집계 결과에 따르면, 웹소설 시장 규모는 2013년 100억 원 수준에서 2014년 200억 원, 2015년 400억 원, 2016년 800억 원 규모로 해마다 2배 이상 뛰어오르고 있다고 해요. 이에 2018년 현재 웹소설 시장의 전체 규모를 약 3,000억 원 안팎으로 추산하고 있죠. 모바일을 통해 쉽게 전파되는 확장성과 다양한 소재의 활용을 통해 독자들을 사로잡는 것을 이점으로 웹소설의 무서운 성장세는 앞으로도 지속될 것으로 전망되고 있고요. 이러한 장밋빛 전망을 보면 웹소설작가의 미래 역시 밝다고 예상할 수 있어요. 하지만 전체가 아닌 개개인의 미래를 생각한다면, 수많은 작가들이 활동하고 있는 만큼 남들보다 몇 배 많은 노력을 해야 하겠죠.

4차 산업혁명이 일어나면 많은 수의 직업이 사라질 거라는 전망이 있어요. 그중에 작가도 있을까요? 소설을 읽는 매체가 종이에서 지금의 컴퓨터와 스마트폰으로 변화한 것처럼 읽는 도구나 방법은 달라질지 몰라도 그 소설을 쓰는 사람은 있어야 하지 않겠어요? 그리고 만약 미래에 가상현실이 상용화된다면 그때는 소설을 읽는 것이 아니라 소설을 체험하는 게 가능할지도 모르겠어요. 글을 읽는 것을 뛰어넘어, 직접 소설 속으로 들어가 캐릭터가 되어 오감을 느끼며 그들의 삶을 따라가 보는 거죠. 하지만 그런 혁명과 같은 일이 일어난다 하더라도 역시 가상현실 속 소설을 쓰는 작가는 꼭 필요하겠죠.

편 요즘 웹소설의 트렌드는 어떤 건가요?

노 요즘 트렌드는 회귀물과 레이드물이에요. 전문가물도 인기고요. 예전에 비해 장르가 굉장히 다양해졌죠. 회귀물은 어떤 경위로 인해 주인공 혹은 누군가가 시간을 거슬러 올라가 과거로 가게 되면서 벌어지는 이야기를 말해요. 역행물이나 리턴물, 리셋물 등으로 불리기도 하죠. 레이드물은 2012년 탄생한 이후 현재까지도 유효한 한국형 판타지의 대표격이죠. 헌터물이라고도 하는데, 어떠한 이유로 현실에 몬스터가 출몰하면서 사람들이 이 능력을 각성해요. 출몰한 몬스터는 오직 이 능력자를 통해서만 해결이 가능하기 때문에 특수한 에너지원을 획득해 나가며 몬스터를 잡는 게 주된 전개 방식이죠. 기존의

틀에 다양한 변주를 해가며 큰 인기를 모으고 있어요.

편 독자들에게 바라는 점이 있나요?

노 저희가 독자에게 바라는 것은 없어요. 오히려 독자들의 바람을 저희가 실현시켜 줘야 하는 게 맞죠. 그래서 항상 대중들이 좋아할 재미있는 소설을 쓰기 위해 노력 중이에요. 저는 신인 작가 시절, 세상이 제 글을 몰라준다고 생각했어요. 독자들의 수준이 낮아서 제 소설의 가치를 모른다며 건방을 떨었죠. 소설을 서너 편 쓰면서 그런 건방은 싹 사라졌어요. 나보다 잘 쓰는 사람이 수두룩하다는 것도 알게 되었고, 제가 예전에 썼던 글들이 엉망인 것도 자각하게 되었거든요. 쓰면 쓸수록 겸손해지면서, 제 글을 읽어주는 것만으로도 독자들에게 너무나 감사한 마음이 들어요.

웹소설작가의
세계

웹소설작가는 주로 어떤 곳에서 일하나요?

편 웹소설작가는 주로 어떤 곳에서 일하나요?

노 작가마다 다르죠. 집에서 작업하는 분도 있고, 사무실이나 작업실을 따로 두고 출근해서 글을 쓰는 분도 있어요. 또 카페를 이용하는 분도 있고요. 대중교통을 이용하는 분도 있는데, 저 역시 한때는 지하철에서 작업을 했어요. 지하철의 소음 속에서 오히려 더 집중이 잘 됐거든요. 그 밖에 외국에 나가면 글이 잘 써진다거나 여기까지 왔으니 꼭 얼마만큼은 써

야겠다는 목적성이 명확해지기 때문에 한국을 떠나 작업하는 작가도 있어요.

편 외국에 나갈 때는 가족들과 함께 가나요?

노 아니요. 저는 혼자 가요. 보통 3개월 정도 나가 있고요. 가면 하루에 몇 장씩 쓴다는 계획을 세우고, 꼭 지키기 때문에 능률이 높아서 종종 외국에 나가고 있어요.

편 사용하는 장비나 프로그램이 궁금해요.

노 노트북과 한글 프로그램을 이용해 글을 쓰고 있어요.

웹소설이 우리의 삶에
어떤 의미가 될 수 있을까요?

[편] 웹소설이 우리의 삶에 어떤 의미가 될 수 있을까요?

[노] 인간을 가리키는 학명 중에 호모 루덴스라는 말이 있죠. 이는 노는 인간 또는 놀이하는 인간을 말하는데요. 한국인은 전형적인 호모 루덴스라고 생각해요. 아주 예전부터 다양한 놀이 문화를 가꾸어 왔으며 지금도 재미있는 놀이를 정말 좋아하죠. 어떤 사람에게는 돈을 버는 일조차 잘 놀기 위한 수단에 불과해요. 일하지 않는 시간은 온전히 자신이 좋아하는 놀이를 하며 보내는 사람도 많고요. 놀이는 온라인게임일 수도 있고, 클럽에 가서 춤을 추는 것일 수도 있고, 웹소설을 읽는 것일 수도 있어요. 사람마다 좋아하는 놀이의 종류는 다르지만 그들 모두가 놀이에서 추구하는 것은 재미예요. 그들은 유희 본능에 따라 놀이를 하며 즐거움을 느끼고 스트레스를 해소하죠. 그런 만큼 재미는 우리의 삶에 있어 너무나도 중요한 요소예요. 웹소설은 궁극적으로 재미를 추구하는 문화콘텐츠로서 우리가 잘 살아갈 저력을 주는 즐거운 놀이 중 하나인 만큼 우리 삶에 있어 아주 중요한 요소라고 생각해요.

웹소설작가의 일과는 어떻게 되나요?

편 웹소설작가의 일과는 어떻게 되나요?

노 당연히 작가들마다 일과는 모두 다르겠죠. 하루 종일 글만 쓰다가 휴일에만 쉬는 작가도 있고, 하루에 쓸 분량이나 시간을 정해놓고 그만큼만 쓴 후 쉬는 작가도 있어요. 일과는 모두 다르지만 모두들 일정 시간을 할애해 글을 쓰는 것이 가장 중요한 일인 것은 같겠죠. 저 같은 경우 하루에 몇 장을 쓰겠다고 분량을 정해놓고 그 계획만큼의 글을 쓴 후, 나머지 시간은 하고 싶은 것을 하며 놀아요. 전에는 온라인게임을 좋아해서 많이 했는데 요즘은 흥미가 떨어져서, 소설을 읽거나 유튜브에서 재미있는 콘텐츠를 찾아보죠.

편 웹소설작가만의 독특한 삶의 방식이 있나요? 규칙적인 생활은 안 하실 것 같아요.

노 물론 규칙적인 생활을 하는 작가들도 있지만 많은 작가들이 불규칙한 생활을 하죠. 정해진 출퇴근 시간이 없고 자기 시간을 마음대로 쓸 수 있으니까요. 그렇지만 중요한 건 이 불규칙한 삶 속에서도 다들 글을 쓰는 일정 시간을 확보해두고 그

시간만큼은 글을 쓰기 위해 애쓰고 있다는 거죠.

시간이 날 때는 어떤 일을 하나요?

편 시간이 날 때는 어떤 일을 하나요?

노 저는 운동이나 활동적인 것을 좋아하지 않아서 시간이 나면 주로 실내에서 할 수 있는 것들을 하며 보내요. 앞서도 얘기했듯이 소설을 읽거나, 유튜브를 통해 다양한 콘텐츠를 찾아보죠. 가끔 PC방에 가기도 하고요. 소설은 종이책도 가끔 읽지만 주로 웹소설 플랫폼에 올라온 글 중 베스트에 오른 것들을 많이 읽어요. 전에는 드라마도 좀 봤는데, 요즘은 특별히 재미있는 드라마가 없어서 잘 보지 않아요.

편 그동안 재미있게 봤던 드라마는 어떤 건가요?

노 최근에는 김은숙 작가의 〈도깨비〉를 재미있게 봤어요. 불멸의 삶을 끝내기 위해 인간 신부가 필요한 도깨비, 그와 기묘한 동거를 시작한 기억상실증 저승사자가 주인공이에요. 그런 그들 앞에 자신이 도깨비 신부라 주장하는 소녀가 나타나면서 벌어지는 신비로운 낭만 설화라고 할 수 있어요. 그동안 한국 드라마에서 잘 볼 수 없었던 독특한 소재와 대사가 좋았어요. 작가가 대사를 정말 잘 써서 존경스러울 정도였죠.

더 전에 본 것 중 인상 깊게 봤던 드라마는 〈미안하다, 사랑한다〉와 〈네 멋대로 해라〉예요. 이경희 작가의 〈미안하다, 사랑한다〉는 2004년에 방송된 드라마로 어린 시절 호주에 입양된 후 거리의 아이로 자란 차무혁이라는 남자가 송은채라는 여자를 만나 죽음도 두렵지 않은 지독한 사랑을 하는 이야기예요. 당시에 압도적인 시청률을 기록하며 시청자들의 열렬한 환호를 받았죠. 미사 페인이라는 신조어를 낳기도 했고요. 이경희 작가는 대한민국의 대표적인 멜로드라마 작가로 그녀가 그린 사랑은 대체적으로 눈물겹지만 아름답죠. 해피엔딩도 없고 우울한 감성이 짙게 배어있어 애조를 느끼게 하지만 보고 나면 위안을 받게 되는 작품이라 좋아해요.

　　2002년에 방송된 〈네 멋대로 해라〉는 인정옥 작가가 집필한 작품이에요. 문란한 생활을 하던 스턴트맨 고복수가 우연히 학력과 계층이 전혀 다른 전경이라는 여자를 만나지만, 시한부 인생을 선고받는 기구한 운명에 처한 끝에 인생의 참의미를 깨달아가는 이야기예요. 남녀 간의 사랑을 그리는데 있어 차별화된 시각을 제시하며, 전형적이지 않은 주인공을 내세워 새로운 드라마 장르를 개척했다는 평가를 받은 작품으로 마니아층의 큰 사랑과 지지를 받았죠. 인정옥 작가의 작품을 보면 주조연은 물론 분량이 적은 캐릭터 모두가 생생하게 살아 있어요. 대사도 멋지고요. 그리고 무엇보다 이야기에 공감이 많이 가는데요. 우리 주변의 이야기, 평범한 사람들의 이야기를 통해 울고 웃고 응원하게 되는 점이 마음에 들어요.

📖 독서나 드라마 시청 등을 통해 아이디어나 영감도 얻으시나요?

📝 책을 읽거나 영화나 드라마를 보다 보면 어느 순간 아, 이건 이렇게 바꿔보면 좋겠다는 생각이 들기도 해요. 이 캐릭터를 조금 틀어서 가져다 쓰고 싶다는 생각이나 원작과는 전혀 다른 기발한 착상이 떠오르기도 하고요. 또 잘 쓴 글이나 대본은 창작을 하는데 자극이 되기도 하죠.

편 현재 일을 잘 수행하기 위해 따로 노력하고 있는 것이 있나요?

노 책 뜯어보기요. 원래 있는 말은 아니고 제가 혼자 쓰는 말인데 이 독서법에 대해 알려드리면 왜 그런 이름이 붙었는지 감이 올 거예요. 보통은 책을 순서대로 한번 쭉 읽잖아요. 책 뜯어보기의 경우 우선 전체적인 흐름을 보고, 구성과 캐릭터를 따로 보고, 대화만 또 따로 보고, 마지막으로 챕터 연결 부위의 흐름이 어떤지 봐요. 글쓰기에 필요한 각각의 요소를 따로 분리해 보는 거죠. 그런 식으로 뜯어 읽다 보면 소설의 형식과 표현 방법에 대해 배울 수 있어요. 또 책을 읽으며 이 소설이 왜 재미있는지 연구하는데요. 소설의 주요 스토리 혹은 어떤 부분이 흥미롭다면 그 이유는 뭘까 고민하는 거예요. 그런 식으로 생각하고 연구하고 고민하며 읽다 보니 재미있는 책도 재미없는 책이 돼버리곤 하죠. 책 뜯어보기 외에도 뉴스를 꾸준히 보며 시대를 읽는 눈을 가지기 위해 애쓰고 있어요. 사회현상에 대한 관심을 잃지 않아야 공감 가는 글을 쓸 수 있으니까요.

편 작가로 활동할수록 글 쓰는 실력이 느나요?

노 실력이 느는 것이 눈에 보이는 것은 아니지만 쓸수록 느는 것을 느껴요. 웹소설의 경우 보통 장편을 쓰다 보니 완결한 작품 수가 늘수록 필력이 강해지는 것은 분명하죠.

편 글을 잘 쓰려면 어떻게 해야 하죠?

노 글 쓰는 방법, 글쓰기 비법 등을 보면 대부분 같은 이야기를 하더라고요. 많이 읽고, 많이 보고, 많이 듣고, 많이 쓰라고요. 만 시간의 법칙, 들어보셨나요? 어떤 분야의 전문가가 되려면 최소한 만 시간 정도의 훈련이 필요하다는 법칙인데요. 작가라는 직업도 마찬가지예요. 많은 시간을 들여 글을 쓰다 보면 글을 쓰는 능력이 좋아질 수밖에 없죠. 처음부터 잘 쓰려는 마음보다는 우선 많이 써보는 게 중요해요. 저는 글쓰기에 있어서도 이 법칙은 유효하다고 믿어요. 많이 읽고, 많이 써봐라. 사실 다들 아는 방법일 거예요. 하지만 우리 삶의 진리는 대부분 그렇죠. 다들 알지만 더 빨리 우뚝 서고 싶기 때문에 좀 더 쉬운 방법을 찾는데요. 쓰다 보면 결국 노력과 고민으로 이뤄진 시간, 이 방법 밖에는 없다는 깨달음을 얻을 거라고 생각해요.

편 작가님만의 글쓰기 철칙이 있을까요?

노 저는 글을 쓸 때 철칙이 두 가지 있는데요. 첫 번째는 독자들이 쉽게 이해할 수 있는 글을 쓰자는 것이고, 두 번째는 독자들이 공감할 수 있는 글을 쓰자는 것이에요. 공감은 이해에서 출발하기 때문에 문장에 불필요한 수식어를 붙이지 않고, 누구나 아는 단어를 사용해 글을 쓰고 있어요. 우리들 누구나 경험할 수 있는 보편적인 감정을 다루고 있고요. 그런 원칙 아래서 독자들은 제 캐릭터의 행동이 당연하다고 생각하고 그들의 말에 설득당하게 되겠죠.

웹소설작가이기 때문에 겪는
애로 사항이 있나요?

[편] 웹소설작가이기 때문에 겪는 애로 사항이 있나요?

[노] 오늘 할 일을 내일로 미루지 말라는 말이 있잖아요. 어려서부터 들은 말이지만 지키기는 참 쉽지 않죠. 일을 미루기로 한순간, 우리는 달콤한 기분에 빠지며 몸이 편안해지는 걸 느껴요. 그렇지만 저희들은 그런 게으름을 피울 수 없어요. 아프고 힘들더라도 오늘 쓸 글은 오늘 꼭 써야 하죠. 연재를 하기 때문에 매일 마감 시간이 있으니까요. 그렇기 때문에 그날 써야 할 글을 쓰지 않았는데 마감 시간에 가까워지면 불안감을 느껴요.

[편] 글이 잘 써지지 않을 때는 어떻게 하세요?

[노] 앞서 얘기했듯이 저는 글을 쓸 때, 하루에 몇 시간을 쓰겠다고 정하는 대신 몇 장을 쓰겠다고 정해요. 매번 글이 술술 써지는 것은 아니지만, 제가 정한 원칙대로 도통 글이 써지지 않는 날에도 그 분량을 채울 때까지는 원고 앞에 앉아있어요. 잠을 줄이건 다른 일을 줄이건 무조건 쓰겠다는 생각으로 앉

아있는 거죠. 그러다 보면 새로운 생각이나 아이디어가 떠오르는 경우도 있고, 촉박한 시간이 오히려 집중력을 높여주기도 해요. 어떤 일을 하는데 있어 능률을 높이려면 단순히 열심히 해서만은 안 되겠죠. 자신을 한계까지 몰아세우고 다시 풀어주는 조율이 좋은 효과를 발휘하기도 해요. 조율을 하며 마음을 다잡고 써질 때까지 앉아 있는 것이 제 방법이에요.

일을 하면서 받는 스트레스는 어떻게 해소하나요?

편 매번 새로운 이야기를 써야 한다는 부담감, 매일 있는 마감 등으로 인해 스트레스를 많이 받을 것 같아요.

노 맞아요. 예전엔 스트레스를 참 많이 받았어요. 앞으로도 계속 글을 쓸 수 있을까 하는 불안감으로 인해 잠을 잘 못 잤는데 그게 바로 몸에 나타나더라고요. 불안감 때문에 조급해하고 애를 태우다가 건강이 많이 안 좋아졌어요.

편 일을 하면서 받는 스트레스는 어떻게 해소하나요?

노 스트레스를 아예 받지 않을 수는 없겠죠. 그래서 최소한으로 줄이기 위해 노력하고 있는데요. 가장 큰 노력은 바로 제 마음을 변화시키려는 거예요. 다음 작품을 또 할 수 있을까 하는 불안과 독자들이 내 글을 좋아할까 하는 고민을 좀 내려놨어요. 안달복달했던 마음을 덜어버리는 거죠. 쓸 때는 최선을 다해 열심히 쓰고 쓰지 않을 때는 기회를 기다리며 준비하자고 마음먹었더니 편해지더라고요. 마음을 가볍게 하는 것과 더불어 여유 시간에는 즐거운 영화나 드라마, 재미있는 책을 보며 기분을 전환해요. 배우들 혹은 소설 속에 등장한 인물들에 이입하여 다른 삶을 살아보는 것은 저에게 굉장히 즐거운 체험이라 걱정과 고민을 잊는데 많은 도움이 되거든요. 그리고 때론 유명 작가가 되어 돈을 엄청나게 버는 상상을 하기도 하죠. 침대에 가만히 누워 그런 즐거운 상상을 하는 것만으로도 신나고 행복해져요.

웹소설의 주요 독자층은 누구인가요?

편 웹소설의 주요 독자층은 누구인가요?

노 젊은 사람들이 주로 볼 것 같지만 종이책과 마찬가지로 특정 연령층만 웹소설을 읽는 것은 아니에요. 10대에서부터 60대까지 독자층이 굉장히 다양하죠.

편 작가님의 주요 독자층은 누구인가요?

노 제 글은 주로 중, 장년층이 많이 보세요. 10대 어린 친구들은 제 글을 별로 좋아하지 않더라고요. 제가 주로 사람 사는 이야기에 초점을 두고 쓰다 보니 아무래도 그 친구들은 공감하지 못하는 게 아닐까 싶어요. 보통 젊은 사람들은 우리의 인생 이야기보다는 로맨스 장르의 소설을 많이 읽으니까요. 사회생활도 좀 해보고, 아이도 낳아 길러본 후 나중에 읽어보면 괜찮다고 생각할지도 모르겠네요.

웹소설이 다양한 영상매체의
소재가 되기도 하나요?

편 웹소설이 영화화 되거나 드라마나 게임 등 다양한 영상매체의 소재가 되기도 하나요?

노 그렇죠. 모바일 콘텐츠 소비가 늘고 웹소설의 독자층이 탄탄해지면서 영화나 드라마로 제작되는 작품이 계속해서 늘고 있어요. 이조영 작가의 『올드맨』은 단행본 출간을 거쳐 〈미스터 백〉이란 드라마로 제작되었는데요. 드라마 제작은 원작에 대한 관심으로 이어지는 선순환을 낳기도 해요. 『올드맨』의 경우 드라마 방영 후 독자가 3배나 급증했거든요. 인기 있는 웹소설이 2차 창작되는 경우도 있지만 기획 단계부터 영화나 드라마 제작을 목표로 하는 경우도 있어요. 이원태, 김탁환 작가의 『조선 마술사』가 바로 그런 경우죠. 이 작품은 웹소설 플랫폼과 영화 제작사, 출판사가 함께 투자해 크로스미디어 _{하나의 콘텐츠 데이터를 다용도로 여러 매체에 출력하는 방법} 콘텐츠로 기획해 제작한 작품이에요. 웹소설이 나온 후 종이책으로 출간되고 연이어 영화로 개봉되었죠. 웹소설이 웹툰으로 제작된 경우도 많은데요. 남희성 작가의 『달빛 조각사』나 정경운 작가의 『김 비서가 왜 그럴까』 등이 웹툰으로 만들어져 큰 사랑을 받았죠. 『김 비서가 왜 그럴까』는 또다시 드라마로 제작되었고요.

편 반대로 실화가 소설로 2차 창작되는 경우도 있을까요?

노 판타지나 무협은 장르 자체가 허구에 기반을 둔 이야기라 그런 경우가 없겠지만 다른 장르의 소설 중에는 실화를 모티브로 한 소설이 있을 수도 있겠죠.

편 작가가 생각한 결말과 독자들이 원하는 결말이 일치하지 않을 때 독자들의 영향을 받는 편인가요? 수정하는 경우도 있으세요?

노 저 같은 경우 독자가 원하는 대로 결말을 수정하지는 않아요. 하지만 많은 독자들이 좋아하는 해피엔딩을 추구하죠. 예전엔 베드엔딩이나 새드엔딩으로 글을 마무리하기도 했지만 요즘엔 그렇게 하지 않아요. 사는 게 힘들고 삶이 팍팍해서 잠깐의 휴식을 찾아 제 글을 읽는 독자들에게 소설에서만큼은 행복한 결말을 안겨드리고 싶거든요.

성취감을 느끼는 순간이 있나요?

편 성취감을 느끼는 순간이 있나요?

노 긴 소설을 마무리하고 원고를 완결할 때 가장 큰 성취감을 느껴요. 소설의 분량이 상당하다 보니 뒷부분으로 갈수록 굉장히 힘들게 쓰거든요. 그러니 완결을 하는 순간 성취감은 물론 큰 희열이 느껴지죠.

편 언제 '이 직업을 선택하길 잘했다.'라는 생각이 드나요?

노 소설가는 직업 만족도가 높은 직업이라고 말씀드렸잖아요. 저 역시 그런데요. 이유는 다른 작가들과 다를지도 모르겠어요. 글을 써서 사람들과 소통하고 그 일로 수입도 얻는 것에서 기쁨과 만족감을 느끼는 것은 다른 작가들과 마찬가지고요. 저는 그것 말고도 제가 원하는 곳 어디에서든지 글을 쓸수 있다는 사실이 정말 좋아요. 추운 겨울이 오면 따뜻한 남쪽 나라로 가서 오랫동안 머무르며 글을 쓸 수도 있고, 집에 있는 것이 지겨우면 분위기 좋은 카페에 가서 글을 쓸 수도 있잖아요. 정해진 시간에 매일 같은 사무실로 출근해야 하는 직장인들을 생각하면 이 일을 정말 잘 선택했다는 생각이 들어요. 가

끔은 축복받은 직업이 아닌가 하는 생각도 들고요.

작가로 데뷔할 수 있는 방법은 어떤 게 있나요?

편 작가로 데뷔할 수 있는 방법은 어떤 게 있나요?

노 웹소설작가가 되기 위해서는 우선 카카오페이지나 네이버, 문피아, 조아라와 같은 웹소설 사이트에 연재를 해야 해요. 꾸준히 글을 써서 플랫폼에 작품을 올리면 작가가 되는 것이지만, 그런 식의 연재가 수입과 직결되지는 않겠죠. 무료로 연재하던 글을 유료로 전환하거나, 공모전에서 수상하거나, 매니지먼트나 출판사의 눈에 들어 계약을 하거나, 직접 매니지먼트나 출판사에 투고해 계약이 되어야 수익으로 연결될 수 있죠.

예를 들어 네이버 웹소설의 경우 '오늘의 웹소설' 작품으로 선정되면 네이버 측과 계약을 하게 되어 미리보기 유료 서비스로 수익을 얻을 수 있으며, 1년간 연봉도 받게 되죠. 이른바 네이버 정식 연재 작가가 되는 것인데요. '오늘의 웹소설'에 자신의 작품이 선정되기 위해선 먼저 챌린지 리그에 자신의 작품을 올려야 해요. 만 편에 가까운 작품이 올라오는데 그 치열한 경쟁을 뚫고 심사에서 좋은 점수를 받아야 베스트 리그에 올라가죠. 거기까지 올라온 작품 중 서너 편만이 '오늘의 웹소설'로 선정이 돼요. 네이버 웹소설에서는 해마다 공모전을 개최하는데, 이 공모전을 활용하는 방법도 있어요. 공모전에도 만 편 정도의 작품이 응모된다고 하네요. 그중 1차 심사를 거쳐 100편이 추려지고, 다시 2차 심사에서 30편을 추려요. 그리고 3차 심사에서 7편의 작품을 추린 후 그 7편 중에서 대상, 우수상, 장려상을 선정하게 되죠. 이런 과정을 거쳐 최종 입상할 경우 상금을 받게 되며, 신인이어도 바로 '오늘의 웹소설'에 정식 연재하는 작가가 될 수 있어요.

편 공모전을 활용하는 것도 좋은 방법이네요.

노 웹소설 사이트에서는 다양한 공모전을 개최하고 있는데요. 공모전 수상은 곧바로 프로 작가로 데뷔하는 좋은 방법이지만 수많은 사람들이 도전하는 만큼 치열한 경쟁을 뚫어야 하니 만만치 않을 거예요.

편 공모전은 자주 있나요?

노 네. 네이버나 문피아, 조아라 등에서는 1년에 한 번씩은 꼭 공모전을 개최해요. 웹소설 플랫폼이 아닌 출판사나 인터넷서점 등에서도 공모전을 하고 있고요.

편 공모전의 평가 기준은 뭔가요?

노 보통 소설 작품을 평가하는 데 있어 중요한 것은 작품의 완성도나 독창성, 세계관, 캐릭터, 문장 등일 거예요. 하지만 웹소설에서 중요한 것은 독자의 반응이에요. 전문가들이 아무리 좋다고 해도 독자들이 외면하면 시장에서 생존하기 어렵거든요. 그러니 독자들의 열렬한 반응을 이끌어내려면 무조건 재미있어야 하겠죠.

이 일을 하기 위해서는
어떤 과정을 밟아야 할까요?

편 이 일을 하기 위해서는 어떤 과정을 밟아야 할까요?

노 작가가 되기 위해서 필요한 복잡한 과정 같은 건 없어요. 작가가 되고 싶다면 많이 읽고 많이 쓰는 노력, 그 한 가지만 하면 되거든요. 그런 노력의 시간을 가진 후 자신의 습작 중에서 괜찮은 작품이 있다 싶으면 연재를 시작해보는 거예요. 앞서 계속 얘기했듯이 시작하는 것은 어렵지 않아요. 꾸준히 새로운 글을 연재하는 것이 힘든 일이죠. 전업 작가로 자리매김하기 위해선 계속해서 쓰는 수밖에 없어요.

편 돋보이는 작품을 쓰기 위한 전략이 있을까요?

노 작품이 돋보이려면 필력이 좋아야 하는데 필력은 어떤 전략으로 쉽게 만들어질 수 있는 것은 아니죠. 작가가 되는 방법과 마찬가지로 많이 읽고, 많이 쓰는 수밖에 없어요. 그렇지만 좋은 작품을 썼다면 그 작품을 더 효과적으로 만드는 방법은 있겠죠. 예를 들어 글에 어울리는 배경음악을 깔아서 감동을 극대화하는 거예요. 음악은 우리의 감정을 움직이며 이야기를 효과적으로 전달해주니까요.

편 나이 제한은 없는 거죠?

노 그렇죠. 나이는 전혀 상관없어요. 예전에 흑기사라는 작가는 16살에 데뷔하기도 했죠. 글도 아주 괜찮았어요. 50세가 넘어 데뷔한 분도 계시고요. 그분은 재능이 넘치는 분 같아요. 데뷔작부터 큰 인기를 얻더니 그 뒤로 연재한 작품들 모두 독자들의 사랑을 받고 있어요.

편 웹소설을 배울 수 있는 아카데미가 있나요?

노 매우 다양한 곳에서 웹소설 강의를 하고 있지만 저는 추천하지 않아요. 내가 좋아하는 작가가 강의하는 곳이라면 가서 들어보는 것이 도움이 되겠지만 그 작가가 계속해서 글을 쓰고 있는지 아니면 현재는 글을 쓰지 않는지도 고려해가며 결정하는 것이 좋을 것 같아요.

편 아카데미를 졸업하면 바로 작가가 될 수 있나요?

노 그렇지는 않아요. 학원에 다닌다고 해서 모두 대학에 합격하는 것은 아니듯 아카데미는 웹소설의 플롯이나 시놉시스,

집필 방법 등에 대해 배우는 곳일 뿐이에요. 그런 방법론적인 것들에 대해 배우고 싶다면 아카데미를 이용하는 것도 하나의 길일 수 있어요. 하지만 그런 것들은 꼭 아카데미를 통해야만 얻을 수 있는 것은 아니에요. 결국 글을 써야 하는 사람은 나 자신이기 때문에 혼자서도 충분히 할 수 있다고 생각해요.

편 어떻게 시작해야 할지 막막한 친구들은 아카데미를 이용하는 것도 좋지 않을까요?

노 웹소설이란 무엇인가부터 나에게 맞는 웹소설 플랫폼을 선택하는 방법까지 알려주는 곳도 있으니 작가가 되는 길이 아득하기만 한 사람은 아카데미의 문을 두드리게 되는데요. 아카데미에 가는 것보다 더 좋은 방법은 좋아하는 작가에게 편지를 써서 궁금한 점을 묻는 거예요. 처음엔 답변이 없더라도 계속해서 편지를 써보세요. 많은 작가들이 그런 편지를 쉽게 무시하지 못하거든요.

편 문하생으로 들어가는 경우는 어떤가요?

노 웹툰이나 만화 쪽은 문하생을 두는 경우가 종종 있는데 웹소설 분야는 그렇지 않아요. 만화는 손이 많이 필요하기 때문에 문하생을 두면 여러모로 편한 점이 있죠. 그렇지만 일반적으로 소설은 나눠 쓸 수가 없잖아요. 문하생을 둘 정도로 수입이 많은 작가도 별로 없고요.

편 웹소설작가가 되기에 유리한 전공이 있나요?

노 글 쓰는 능력만 있다면 전공은 상관없어요. 국어국문학이나 문예창작을 전공한다고 해도 결국은 재능이 없으면 글을 쓰지 못하니까요. 저 역시 문학에 대해 공부하지 않았어요. 전혀 다른 분야인 전기와 소방과 관련된 공부를 했죠. 제가 아는 상당수의 작가들도 그렇고요. 의사나 변호사 자격이 있는 분, 기술사 자격이 있는 분, 회사원이었던 분, 선생님을 했던 분들이 모두 자신의 전공과는 상관없이 글을 쓰고 있어요. 오히려 다른 분야를 다루었던 경험이 전문가물을 쓰는데 도움이 되기도 하죠. 그래서 요즘 전문가물에는 의사나 변호사, 경찰 외에도 애견훈련사나 화장품제조사와 같은 이색적인 직업이 종종 등장하고 있어요.

청소년들은 학창시절에
어떤 준비를 하면 좋을까요?

편 청소년들은 학창시절에 어떤 준비를 하면 좋을까요?

노 학창시절만큼 뭔가에 흠뻑 빠져 지내기 좋은 시절도 없는 것 같아요. 사람마다 관심사는 다르겠지만 나중에 소설을 쓰고 싶다면 책 읽기에 흠뻑 빠져보는 것은 어떨까요? 소설을 쓰기 전까지는 무조건 많이 읽어보는 게 중요하거든요. 그런데 한번 장르문학에 빠지면 순수문학을 찾아 읽기는 어려워요. 그러니 어렸을 때는 우선 세계문학전집에 수록된 고전이나 학교 추천도서를 두루 읽어보는 것이 좋겠어요. 일단은 많이 읽고 습작은 천천히 해도 돼요. 계속 읽다 보면 나도 한번 써보고 싶다는 생각이 들 거예요. 그때 습작을 시작하세요.

편 웹소설작가가 되고 싶다면 무엇부터 시작해야 할까요?

노 소설을 쓰고 싶어 하는 사람은 많지만 그들 모두가 재능을 타고난 것은 아니잖아요. 재능이 없다고 쓰지 못한다는 것은 아니에요. 그들은 더 많이 읽고, 더 많이 써봐야 한다는 얘기죠. 읽기에도 방법이 있는데요. 한번 읽고 난 후, 다시 한번 읽

으며 자신이 읽는 소설이 재미있었다면 왜 재미있었는지, 재미없었다면 왜 재미없었는지 분석하고 고민하는 거예요. 책을 찬찬히 뜯어보며 흥미로운 부분을 분석하다 보면 좋은 공부가 될 거라 생각해요.

편 웹소설 플랫폼에 글을 올려보면서 적성에 맞는지 알아보는 것은 어떨까요?

노 그것도 좋은 방법이에요. 그렇지만 당부하고 싶은 건 반응이 좋지 않더라도 바로 좌절하지 말라는 거예요. 아직 젊잖아요. 계속 고민하고 쓰다 보면 좋은 글이 나올 수 있어요.

편 웹소설작가가 되겠다고 결심한 뒤 가장 먼저 행동으로 옮겼던 일은 무엇인가요?

노 글을 쓰는 일이었어요. 많은 작가 지망생들 중에는 작가가 되고 싶어, 작가가 될 거야라고 생각하면서 실제로는 글을 쓰지 않는 사람이 많아요. 일단 원고지 천 매 분량의 글을 써 보세요. 모든 작가들이 그렇게 시작하죠.

웹소설작가가 되기 위해 필요한 자격이 있나요?

편 웹소설작가가 되기 위해 필요한 자격이 있나요?

노 작가뿐만 아니라 모든 예술 장르를 직업으로 삼는 데 있어 자격은 필요하지 않아요. 누구나 자신이 원하면 할 수 있는 일이라 오히려 경쟁은 더 치열하지만요. 예술 활동을 하면서 수입을 얻고 그 돈으로 생활이 가능한 사람은 전체의 3%도 채 되지 않는다고 해요. 그렇지만 웹소설 분야만큼은 다른 예술 분야에 비해 수입을 올리기 좋은 구조라 꿈이 있다면 도전해보라고 얘기하고 싶어요.

편 집중력이 많이 필요한가요?

노 아무래도 집중력이 좋으면 마감시간까지 글을 쓰는데 무리가 덜하겠죠.

편 체력이 좋아야 하나요?

노 한번 연재를 시작하면 몇 달 동안 이야기를 이어나가야 하니 체력은 필수죠. 의자에 오래 앉아 있어야 하기 때문에 허리나 어깨, 목 등에 무리가 갈 수 있어요. 그러니 의자와 키보드

만큼은 좋은 것을 사용해야 하고 중간중간 스트레칭을 해줘야

해요.

편 외국어를 잘해야 하나요?

노 외국어를 잘하면 좋은 점이 한 가지 있어요. 바로 원서를 읽으며 원작의 감수성을 그대로 느낄 수 있다는 거죠. 국내에 번역되지 않은 책도 읽을 수 있겠고요. 그런 장점이 있긴 하지만 못한다고 해서 문제가 되지는 않죠.

편 외국에 가서 많은 것을 보고 느끼고 오면 도움이 될 것 같아요.

노 다양한 경험은 글을 쓰는데 도움이 될 수 있어요. 경험을

쌓는데 여행만큼 좋은 것도 없겠고요. 아우구스티누스는 여행을 하지 않는 사람에겐 이 세상이 한 페이지만 읽은 책과 같다고 했잖아요. 여행을 떠나 세상의 많은 것을 보고 느끼는 것은 나만의 스토리와 콘텐츠로 재탄생될 수 있어요. 어느 나라든 상관없어요. 평소 동경했던 곳으로 떠날 준비를 해보세요. 꼭 가보고 싶던 그곳에서 무엇을 하며 지낼지 상상하는 것만으로도 즐겁지 않나요? 낯선 이국에 있는 자신의 모습, 곤란한 상황에 처한 자신의 모습을 머릿속에 그려보며 상상 연습을 하는 것은 이야기를 만들어내기 위한 좋은 시작이라고 생각해요.

좋은 웹소설작가가 되기 위해서는
어떤 자질을 갖추어야 하나요?

편 좋은 웹소설작가가 되기 위해서는 어떤 자질을 갖추어야 하나요?

노 우선 인간과 사물에 대한 끝없는 호기심과 세밀한 관찰력이 있어야 이야기를 쓸 수 있겠죠. 이를 바탕으로 글을 쓸 수 있는 문장력과 표현력, 창의력도 필요하겠고요. 그리고 무엇보다 의지가 중요해요. 한 편의 작품을 시작해 긴 소설을 완결하려면 성실함과 인내력이 있어야 하거든요. 상사도 동료도 없이 혼자서 하는 일이기 때문에 스스로 스케줄을 정해 지킬 수 있는 의지가 꼭 필요해요. 덧붙이자면, 웹소설의 가장 큰 특징은 소통이에요. 종이책과 달리 작가와 독자가 실시간으로 의견을 주고받을 수 있죠. 이러한 특징으로 인해 작가는 기쁨과 위안을 얻기도 하지만, 반대로 상처를 받을 수도 있어요. 웬만한 악플에는 흔들리지 않는 강인한 사람, 무플에 괴로워하지 않는 담대한 사람이 이 일에 적합해 보이네요.

편 작가가 되려고 하는 청소년들이 꼭 읽어봐야 할 책이 있다면 추천해주세요.

노 저는 어렸을 때 세계문학전집을 주로 읽었어요. 괴테의 첫 소설『젊은 베르테르의 슬픔』은 12살 때 읽었는데, 사실 재미는 없었죠. 1774년 출간 당시엔 젊은 세대들에게 큰 공감을 불러일으키며 사랑을 받았다고 하는데, 저는 친구의 약혼녀를 사랑했던 베르테르의 감정에 공감하기엔 좀 어렸나 봐요. 그런데 나이가 들어 다시 읽어보니 새롭게 다가오더라고요. 그때 느끼지 못한 재미도 느꼈고요. 기 드 모파상의『모파상 단편선』을 읽으면서는 다양한 사람들의 심리에 대해 공부할 수

 작가노트

요한 볼프강 폰 괴테 Johann Wolfgang von Goethe

독일 문학의 최고봉을 상징하는 괴테의 생애를 돌아보면 '거인'이라는 표현이 딱 어울려요. 80년이 넘는 긴 생애 동안 활동하며,『젊은 베르테르의 슬픔』같은 베스트셀러에서『파우스트』같은 대작에 이르기까지 다양하고도 폭넓은 작품을 내놓았기 때문이죠. 나폴레옹은 괴테를 만나고 나서 '여기도 사람이 있군'이라는 말을 남겼다고 하는데요. 당대 최고의 영웅이자 천재로 칭송되던 나폴레옹이 괴테를 자신에 버금가는 인물로 인정한 것이야말로 최상의 찬사겠죠.

있었어요. 사람이 얼마나 추악하고 잔인해질 수 있는지, 얼마나 비겁해질 수 있는지 알게 되었고 이것들은 저의 소설 속에서 다양한 모습으로 변주되어 이야기를 이끄는 소재가 되었죠. 우리의 삶이란 무엇이며, 인간이란 무엇인지에 대해 고민을 하기엔 역시 고전만 한 게 없다고 봐요. 좀 어렵더라도, 좀 지루하더라도 한번 읽어봤으면 좋겠어요.

편 새로운 콘텐츠와 아이디어를 계속해서 만들어내는 일이 힘들지는 않나요?

노 처음에는 괜찮은데 연재가 거듭될수록 힘들어져요. 상상력과 창의력이라는 게 원하고 노력한다고 쉽게 발현되는 것이 아니라 아이디어가 떠오르지 않으면 정말 괴롭죠. 창조 과정에서의 아이디어 고갈에 대한 두려움과 빠르게 변하는 독자들의 취향을 맞추지 못한다면 퇴출될 것이라는 불안감은 창작하는 사람이라면 누구나 느낄법한 어려움인데요. 그런 힘든 과정을 겪으면서도 손을 놓지 않고 꾸준히 쓰다 보면 결국엔 나만의 이야기가 쌓일 거라고 생각해요. 어떤 사물이든 사람이든 사회문제든 계속해서 관찰하고 들여다보며 새로운 소재를 찾아보세요. 그리고 쓰기를 멈추지 마세요.

웹소설작가가
되면

끊임없이 새로운 콘텐츠를 만들고 아이디어를 내는 일, 힘들지 않으세요?

편 끊임없이 새로운 콘텐츠를 만들고 아이디어를 내는 일, 힘들지 않으세요?

노 매번 새로운 이야기를 만들어내는 일이 쉬운 일은 아니죠. 작가의 장벽이란 말이 있잖아요. 비단 작가만의 일이 아니라 창작을 하는 많은 사람들은 어느 순간 벽에 부딪치는 경험을 하게 돼요. 그런 상황이 닥치면 벽을 무너뜨리기 위해 애쓰는 사람이 있는 반면, 오히려 벽을 더 높이 쌓아 올리는 사람이 있죠. 안 써질 땐 쓰지 않고, 다른 일을 하며 지내다 보면 어느 순간 아이디어가 떠오르며 자신을 둘러싼 장벽이 스르르 무너진다고 해요. 대처하는 방식은 달라도 두 부류 모두 장벽이 무너지길 기다리는 것은 같죠. 연재를 해야 하는 웹소설작가라 연재 중에는 벽이 다가온다고 해도 무조건 써야 하지만 평소에는 책을 읽거나 영화와 뉴스를 보면서 새로운 이야기를 만들어가는 편이에요.

편 직업을 선택할 때 수입도 중요하잖아요. 구체적인 수입이 궁금해요.

노 웹소설작가의 수입은 천차만별이에요. 1년에 10억 원 이 상을 버는 인기 작가가 있는 반면 1년에 천만 원도 벌지 못하는 작가도 있죠. 저 같은 경우 웹소설 수입에 웹툰 수입도 있잖아요. 그 둘을 합쳐서 월 2천만 원 정도 벌고 있어요. 비율은 8대 2 정도고요. 굉장히 많은 편이지만 이렇게 번지 얼마 되지 않았어요.

편 보통 신인 작가의 수입은 어느 정도인가요?

노 일반 신인 작가들 역시 인기 작가와 그렇지 못한 작가의 수입에는 큰 차이가 있어요. 첫 작품부터 큰 인기를 얻은 작가는 신인이라도 월 천만 원 정도를 벌거든요. 그렇지 못한 대다수의 신인 작가들은 월 백만 원도 못 벌고요.

편 작업시간을 정해놓고 일하나요?

노 저는 작업시간을 정하는 대신 오늘 몇 장을 쓸 것인지를 정해요. 매일 쓸 목표량을 정해두면 대략 언제부터 쓰기 시작해야 하는지 알게 되죠. 잘 써지는 날도 있고, 더딘 날도 있지만 평균을 내보면 작업시간은 대략 비슷할 거예요.

편 근무 여건은 어떤가요?

노 어디서든 일할 수 있으니 근무 여건은 좋은 편이죠. 그런데 갈수록 집에서는 글이 잘 안 써져요. 집에는 딴짓할 거리가 참 많잖아요. 그래서 한동안은 카페나 출판사에 있는 사무실로 나갔어요. 그러다 거기서도 집중이 안 되면 외국으로 나가기도 하고요.

노동 강도는 어느 정도인가요?

편 노동 강도는 어느 정도인가요?

노 많은 사람들이 육체노동을 하면 노동 강도가 세다고 생각하는 반면 책상에 앉아 일한다고 하면 노동 강도가 약하다고 생각하는데요. 물론 이 일이 건설 현장 등에서 일하며 체력을 많이 소모하는 육체노동에 비해 노동 강도가 덜한 것은 맞지만 장시간 앉아 글을 쓰는 것도 쉬운 일은 아니에요. 글이 술술 써지는 날은 힘들지 않지만, 그런 날은 별로 없으니까요. 이야기가 잘 풀리지 않으면 풀릴 때까지 오랜 시간을 모니터 앞에 앉아 고민하며 글을 써 내려가야 하니 강도가 약하지는 않다고 생각해요.

편 SNS 등을 통해 독자와 소통하기도 하나요?

노 SNS는 잘 안 하는데 블로그는 가끔씩 해요. 제 신변잡기도 좀 올리고 글에 관한 이야기도 올리며 독자들과 소통하고 있죠. 연재가 끝나면 매일 댓글을 보며 독자들의 반응을 실시간으로 확인하고요.

편 독자의 영향을 많이 받는 편인가요?

노 전 별로 영향을 받지 않아요. 제 정신력이 강해서라기보다는 하도 많은 악성 댓글을 봐서 이제는 무덤덤해진 거죠. 모든 사람들이 제 작품을 좋아할 수는 없잖아요. 어차피 저는 대중작가이기 때문에 사람들이 하는 좋은 얘기, 나쁜 얘기를 모두 들어야 해요. 그러니 제 작품에 욕을 좀 한다고 그때마다 휘둘릴 필요는 없다고 생각해요. 다만 작품과 관련된 얘기가 아니라 말도 안 되는 인신공격이나 명예를 훼손하고 모욕하는 댓글은 차단하는 것이 좋겠죠.

편 대중의 시선에 맞추는 것과 나만의 스타일을 만드는 것, 어느 쪽이 좋은가요?

노 트렌드를 따라가느냐, 내가 쓰고 싶은 글을 쓰느냐. 정답은 없지만, 우선은 최선을 다해 재미있는 글을 쓰는 게 중요해요. 대중의 시선에 맞추는 일은 그다음 얘기죠. 먼저 재미있는 이야기를 만들고, 상황에 따라 트렌드를 쫓아야 한다면 유행하는 소재를 집어넣기도 해요. 그렇지만 이건 다 기성 작가들

얘기예요. 신인 작가들은 무조건 써야 하죠. 시장의 요구에 맞추는 것이나 자신만의 글을 쓰는 것이나 모두 필력이 선행되어야 하는 것이니까요.

편 조회 수, 별점, 댓글 등 끝없는 평가 속에 던져지는 것이 부담스러울 것 같아요.

노 웹소설작가는 자신의 글을 다른 사람들에게 보여줌으로써 수입을 얻어요. 대중예술의 한 분야이기에 대중들의 평가는 필연적이고요. 그걸 당연하게 받아들이지 못하면 이 일을 할 수가 없겠죠. 오히려 재미없는 부분을 가감 없이 얘기해주면 대중들의 취향도 알게 되고, 그런 의견을 바탕으로 고민을 해보며 더 나은 이야기를 만들 수도 있어요. 반대로 재미있다고 얘기해주면 그런 부분은 더 살리기도 하고요.

편 직업병이 있나요?

노 글을 쓰는 대부분의 시간을 컴퓨터 앞에 앉아서 보내기 때문에 늘 왼쪽 어깨가 아파요. 바르지 않은 자세로 장시간 앉아 있어서 그렇겠죠. 많은 작가들이 저처럼 오랜 시간을 앉아서 보내다 보니 운동량이 많이 부족해요. 글 쓰는 중간중간 일어나 스트레칭을 하고 시간이 나면 운동을 해야 한다고 생각은 하는데 그게 잘 안되네요. 어떤 작가들은 구부정한 자세 때문

에 거북목이 되기도 하는데요. 거북목은 복부를 압박해 소화 장애를 가져와요. 거기다 글이 써지지 않아 스트레스까지 받는다면 위장병이 오기 쉽죠. 손목터널증후군이 있는 작가들도 있어요. 자신의 체형과 맞지 않는 책상에 오래 앉아 있으면 손이 부자연스러운 상태로 놓이게 되고 손목에 무리가 가서 손목터널증후군이 오기도 하거든요. 그러니 다소 비싸더라도 책상과 의자는 자신의 몸에 맞는 좋은 것을 골라야 해요.

편 이 일을 하면서 가장 기억에 남는 순간은 언제였나요?

노 제 이름으로 된 첫 책이 나왔을 때요. 오랜 기간 바라던 꿈을 이뤘던 그때 정말 기뻤고, 가장 기억에 많이 남아요. 보통 꿈을 이룬다는 것은 성공을 의미하잖아요. 하지만 이 분야는 달라요. 작가라는 꿈을 이루는 것은 쉽지만 여기서 성공하는 것은 다른 얘기죠. 그런 의미에서 최근 수입이 월 천만 원이 되었을 때 기쁘던데요. 이 일을 한지 어느덧 14년이 흘렀는데 냉혹하다면 냉혹한 이 세계에서 지금까지 잘 버텨냈고 어느 정도 성과도 올린 것 같아서요. 이 일은 성과가 곧 수입과 직결되니까요. 제가 계속해서 글을 쓸 수 있도록 제 소설을 읽어주시는 많은 독자들에게 항상 감사하고 있어요.

편 다른 분야로 진출이 가능한가요?

노 저처럼 웹툰의 스토리작가가 된다거나 영화나 게임의 시나리오를 쓸 수도 있어요. 드라마작가가 될 수도 있겠고요. 글을 쓰는 어떤 분야든 노력만 하면 진출이 가능하죠. 웹툰스토리작가는 시놉시스를 짜는 역할을 해요. 스토리의 구조를 짜고, 대사를 쓰고, 적절한 효과음을 넣는 거죠. 영화시나리오작가는 영화 제작을 위해 작품의 주제를 선정하고, 주제에 따라 새로운 영화 대본을 창작하거나 기존의 작품을 각색해 대본을 집필해요. 게임시나리오작가는 기본적인 스토리를 토대로 전체 게임 시간과 게임의 주제, 게임의 방법 등을 고려해 세부적인 시나리오를 작성하죠. 드라마작가는 라디오나 텔레비전 드라마에 필요한 대본을 집필해요. 작품의 주제를 정하고 그에 따른 역사적 사실이나 사건을 조사하고 분석해 작품의 줄거리를 구상하죠. 이들 직업은 모두 글을 쓰는 일로 웹소설작가와 마찬가지로 인간과 사물에 대한 세밀한 관찰력과 호기심, 관찰한 것을 글로 표현해내는 문장력과 언어감각이 필요해요.

글쓰기 훈련

글쓰기는 글쓰기를 통해서만 배울 수 있어요. 글을 쓰는데 가장 중요한 것은 어떤 주제든 많이 써봐야 한다는 것이죠. 그럼 어떤 이야기를 써야 할까요? 바로 여러분 자신에 관한 것부터 시작해보세요.

—— 01 ——

최초의 기억은 무엇인가요? 내 생에 최초의 기억을 되살려보세요.

10분 전에 여러분에게는 무슨 일이 있었나요? 10분 전에 있었던 일 하나하나를 상세하고 구체적으로 묘사해보세요.

03

너무나 미워했던 사람에 대해 써보세요.

굉장히 좋아했던 사람에 대해 써보세요.

여러분의 가족에 대해 써보세요.

여러분 앞에는 책 여러 권이 놓여 있어요. 그중에서 책 한 권을 꺼내 마음에 드는 문장을 골라 적어 보세요. 그리고 그 문장을 이어 나가보세요.

2

캐릭터 구축

'캐릭터'라는 말을 들었을 때 가장 먼저 어떤 캐릭터가 떠올랐나요? 드라마나 소설 속 주인공? 마블 영화의 영웅들? 방금 떠올린 캐릭터는 아주 잘 만들어졌기 때문에 아직까지도 여러분의 기억에 생생하게 남아 있다고 생각해요. 어떻게 하면 우리노 그런 캐릭터를 **구축**할 수 있을까요?

내 주변 인물 살펴보기

형제나 친구, 사회에서 만난 사람 누구든 좋아요. 주변 인물 중 한 사람을 정하고 그 사람의 외모와 나이, 직업, 성격, 특성을 자세히 적어보세요.

내가 되고 싶은 사람 상상하기

내가 만약 다른 사람이 될 수 있다면, 내가 되고 싶은 사람은 어떤 얼굴을 하고 있나요? 그 사람은 어떤 유형의 사람인가요? 그 사람의 외모와 나이, 직업, 성격, 특성을 자세히 적어보세요.

새로운 캐릭터 만들기

내가 쓸 첫 소설의 주인공은 어떤 모습인가요? 온갖 무공을 연마해 강호를 제패하는 영웅? 아이돌을 꿈꾸는 가수 지망생? 갓 입사한 직장에서 삼각관계에 빠진 신입사원? 주인공이 어떤 사람인지 알 수 있도록 캐릭터를 자세히 묘사해보세요.

웹소설작가
업무 엿보기

이야기의 기본, 캐릭터 설정하기

- 이름: 이강수
- 나이: 27세
- 성별: 남
- 특기: 싸움
- 취미: 달리기
- 성격: 쾌활
- 인물관계: 남동생 1명
- 과거: 어려서 부모님을 여의고, 남동생과 단둘이 살고 있음

캐릭터 설정을 이런 식으로 하는 사람은 없었으면 해요.

이런 방법으로는 캐릭터에서 이야기가 나오기 어렵거든요. 소설의 세계에서 인물, 즉 캐릭터를 규정하는 것은 바로 성격이죠. 그 혹은 그녀의 정신세계와 심리상태가 바로 캐릭터를 규정하는 핵심인데요. 이는 주연은 물론 조연 개개인이 확고한 성격과 가치관을 가져야 이야기가 만들어진다는 뜻이에요.

예를 들어 무슨 일이 있어도 삼시 세끼 밥은 꼭 챙겨 먹는 A라는 캐릭터가 있다고 해요. 식사를 거르거나 먹지 않고 굶는 건

지상 최대의 죄악이라고 보는 사람이죠. 그런 확고한 생각을 먼저 정립하고, 이 사람만의 가치관을 하나씩 하나씩 추가해 보세요. 그리고 이 캐릭터가 들어간 짤막한 에피소드를 만들어 봐요. 자연스럽게 식사와 관련된 이야기가 떠오르지 않나요?

제가 생각한 이야기예요.

　　A와 그의 동료들은 7일간의 혈투를 벌이고 마침내 마지막 던전에 들어섰다.
　　들어가자마자 찝찝한 기운, 절로 오싹해지는 등골.
　　"우하하하! 왔느냐!"
　　마침내 이곳 던전 최종 보스 대마왕이 등장했다.
　　레벨 999의 최종 보스 대마왕.
　　허나 일행은 대마왕의 약점을 알고 있었다.
　　대마왕의 약점은 바로 이마.
　　이마만 집중적으로 노리면 분명 승산이 있으리라.
　　공간은 긴장감이 잔뜩 감돌기 시작했다.
　　전투의 시작.

A의 동료 탱커가 나아갔고 중간에는 힐러가 지탱하기 시작했다.

"지금이야! A"

동료들의 완벽한 합공에 최종 딜러 A는 대마왕의 이마에 대미지를 줄 확률이 높았다.

A는 배를 움켜잡았다.

그리고 가슴속에서 뭔가를 끄집어내었다.

모두가 기대했다.

A는 레전드 급의 무기 10000000프로 딜 증폭이 가능한 전설의 총이 있었으니까.

허나!!!!!!!!!!!!!!!!!!!!!!!!!

그의 손에 들린 건 총이 아니었다.

그건 바로 빵.

그 순간 정적이 흘렀고 A는 품에서 빼어든 그것을 입에 넣고 급하게 씹어대며 동료들에게 말했다.

"기다려. 밥부터 좀 먹고!"

A의 식사 때문에 고전하는 동료.

그리고 결국 식사를 끝낸 A가 대마왕을 잡는다.

대마왕의 전리템을 훑어보는 A를 보며 모두가 한숨을

내쉬었다.

B가 말했다.

"저 식탐 어쩔 수 없나?"

C가 말했다.

"저거 어찌할 수 있으면 지금 999 레벨 대마왕이나
잡고 있겠냐? 9999 레벨 초대마왕 잡으러 다니지.
저놈은 밥 안 먹으면 안 된다니까."

이 에피소드를 통해 A라는 캐릭터가 어떤 사람인지 감이 좀
잡히셨나요? 이해를 돕기 위해 극단적으로 표현했는데요. 이
런 식으로 캐릭터의 가치관을 드러내는 것이 시작이에요. 처
음은 이렇게 짧은 에피소드로 끝났지만 나중에 좀 더 큰 사건
에서 이 캐릭터의 성격을 이용할 수도 있겠죠. 여러분이라면
이 캐릭터를 이용해 어떤 이야기를 만드시겠어요?

나의 이야기

Job
Propose 21

작가
Talk Talk

편 주요 소재나 주제는 무엇인가요?

노 무협소설을 주로 쓰다 보니 예전에는 무공이 뛰어나 힘과 권력을 쥐는 얘기가 많았죠. 요즘에는 돈이라는 주제에 관심이 생겨서 주인공이 돈을 많이 모아 부자가 되는 설정이 많아요.

편 캐릭터의 생김새나 이름 등은 어떻게 설정하나요?

노 저는 이야기 자체에 집중을 하는 편이라 이름은 좀 대충 짓는 편이에요. 이름의 어감이 아주 이상하지 않으면 되고 인물의 외형에도 큰 비중을 두지 않아요. 생김새보다는 성격에 더 신경을 쓰죠.

편 다양한 캐릭터는 모두 상상력의 결과인가요?

노 간혹 주변 사람들의 성격을 기반으로 캐릭터를 만들기도 해요. 그런 경우 더 자연스럽고 생생한 캐릭터가 구축되기도 하죠. 그렇지만 주변 사람들로 캐릭터를 만드는 것에는 한계가 있기 때문에 대부분은 상상을 통해 만들어져요. 어떤 행동을 하던 꼭 사건을 꼬이게 만드는 A라는 캐릭터가 있다고 가정해봐요. A는 사건을 유발하는 캐릭터로 만들었기 때문에 A가 우연히 한 행동은 사사건건 사건이 되는 거죠. 현실세계에는 잘 없는 유형이라 좀 억지스럽다고 해도 독자들이 걔는 원래 그런 애라며 A에 공감한다면 그건 잘 만든 캐릭터가 되는 거예요. 쟤는 무슨 말도 안 되는 행동을 하는 거냐는 반응이 나오면 캐릭터 구축에 실패한 거고요.

편 스토리텔링을 위해 따로 공부하는 것이 있나요?

노 제가 좋아하는 소설을 뜯어보면서 공부해요. 훌륭한 작품의 뜯어보기를 통해 이야기의 구조와 흐름을 면밀히 파악하고 캐릭터가 어떻게 구축되는지 살펴보는 거죠. 소설 한 편을 아주 샅샅이 뜯어읽다 보면 캐릭터의 성격이 처음부터 끝까지 어떤 식으로 일관되게 유지되는지 배울 수 있거든요. 또 변주에 대한 공부를 좀 하고 있어요. 누구나 다 아는 소재를 살짝만 비틀어서 이야기에 변화를 주는 거죠. 어느 정도까지는 독자들이 상상하는 대로 가다가 슬쩍 다른 길로 뻗어나가 신선한 재미를 주고 싶거든요.

편 떠오르는 아이디어나 메모들은 어떤 과정을 거쳐 작품이 되나요?

노 좋은 생각이 떠오르면 일단 다 적어놔요. 그리고 그것들을 참고해 글을 쓰고 있는데, 그런 메모가 모두 소설의 소재가 되는 것은 아니에요. 메모의 양이 상당하기 때문에 그렇기도 하지만 나중에 보니 이걸 왜 써놨는지 모를 때가 있고 또 너무 함축적으로 써놔서 그 의미를 이해하지 못하는 경우도 있거든요.

📖 창의성은 어떻게 훈련해야 하나요?

📗 창의적인 발상을 하려면 남들과 다른 시선을 가져야 해요. 일상적으로 봐왔던 대상조차 새롭게 볼 수 있는 눈, 세상을 다르게 보는 눈이 필요하죠. 학생들이라면 한 가지 소재를 정해 그것에 대해 자유연상해보는 시간을 갖는 것도 좋아요. 혹은 좋아하는 드라마나 문학작품을 창의적으로 패러디해보는 것도 좋겠고요. 패러디나 비유하기, 유머 만들기는 재미있는 놀이처럼 즐기면서 하다 보면 내 안에 숨어있는 창의성을 살아나게 해주는 좋은 훈련이 된다고 생각해요.

📖 창의적인 아이디어는 어디에서 얻는지 궁금해요.

📗 제가 좋아하는 분야나 현재 집중하는 분야의 무언가를 할 때 순간적으로 아이디어가 떠올라요. 예를 들어 영화를 봤는데 독특한 소재가 마음을 끌어요. 그런데 나 같으면 그 소재로

다른 얘기를 만들고 싶다는 생각이 드는 거예요. 그럴 때 같은 소재지만 전혀 새로운 이야기를 만들어내는 거죠. 일상에서 아이디어를 얻는 경우도 있어요. 아이를 돌보는 일은 너무 힘들잖아요. 그럴 때는 육아에 대한 고충을 써보자는 생각이 드는 거죠.

📠 한 회를 연재하는데 걸리는 시간은 어느 정도인가요?

🔲 3시간에서 16시간 정도 걸려요. 가끔씩 쓰는 게 부담스럽지 않은 날이 있는데요. 그렇게 술술 풀리는 날이면 3시간 안에도 끝나는 날이 있죠. 반대로 잘 안 풀리는 날은 16시간까지 가는 거고요.

📠 다른 작가들과 차별되는 점은 무엇인가요?

🔲 저는 사람들의 공감을 잘 이끌어내요. 또한 누구에게나 익숙하고 흔히 쓰이는 소재를 사용하더라도 의외의 전개를 이어나감으로써 이야기를 식상하지 않게 만들죠. 그게 바로 제 장점이자 차별점이라고 생각해요.

편 새로운 글을 준비할 때 어떤 방식으로 자료를 수집하고 소재를 선정하나요?

노 전문적인 지식이 필요한 글을 쓰려면 인터넷이나 책 등을 통해 자료를 수집해야겠죠. 책은 새로운 소재를 찾는 방법이기도 하고요. 요즘은 뉴스도 소재를 얻는 주요한 방법이에요. 뉴스 속 기막힌 사연들을 보다 보면 저도 모르게 새로운 이야기가 떠오를 때가 있거든요.

편 좋은 아이디어만 있으면 좋은 작품이 만들어지는 걸까요?

노 좋은 소재가 있다면 좋은 작품이 나올 확률이 높을 뿐이에요. 좋은 아이디어를 다듬어 재미있게 만들어야 좋은 작품이 나오죠. 그리고 아이디어를 글로 옮기고 고민하여 소설로 만들지 않는다면 아이디어는 그냥 아이디어로 끝나게 돼요. 아이디어가 있다면 꼭 글로 정리해놓으세요.

편 웹소설은 책으로 출간되기도 하는데요. 어떤 과정을 거쳐 책으로 만들어지나요?

노 책으로 만들어지려면 우선 플랫폼에 올린 웹소설이 독자들의 사랑을 받아야겠죠. 인기 있는 웹소설이 책으로 만들어

지니까요. 글이 재미있고 인기가 많으면 출판사나 매니지먼트에서 연락을 해오는데, 이때 조건이 맞으면 계약을 맺고 책을 출간할 수 있게 되죠. 출판사에 원고를 보내는 것을 투고라고 하는데요. 작가가 먼저 투고하는 경우도 있어요. 투고된 원고는 편집자와 기획자들이 읽어보고 재미있는지 판단하죠. 그 판단에 따라 계약이 성사되기도 하고요. 아주 드물게는 자비로 출판하는 경우도 있어요.

편 작가님 작품에는 매우 다양한 인물이 등장하는데요. 가장 애착이 가는 캐릭터는 누구인가요?

노 『사내대장부』의 강웅이라는 캐릭터를 좋아해요. 진정한 대장부가 되기 위한 강웅과 강호라는 형제의 행보를 그린 소설인데, 형 강웅은 대의를 위해 죽는 캐릭터예요. 초기작이라 굉장히 고생하며 써서 그런지 애착이 많이 가네요.

편 본인의 글 중에서 가장 마음에 들거나 잘 써졌다고 생각하는 구절이 있다면 소개해주세요.

노 『지천명 아비무쌍』이라는 소설에서 주인공 노가장이 이런 말을 해요. "아비란 어떻게든 자식들 입에 먹을 것을 넣어줘야 하는 존재다." 제게 아이들이 생기면서 책임감이 강해졌을 때 쓴 문장이라 가장 기억에 많이 남고, 좋아하는 문장이죠.

편 무협소설을 꾸준히 집필하고 있으시잖아요. 무협의 매력은 무엇인가요?

노 요즘은 좀 달라지긴 했지만 무협의 기본은 변하지 않았어요. 바로 무술이 뛰어난 멋진 주인공이 나온다는 거죠. 어린 시절 한 번쯤 상상해봤을 무술과 판타지의 집결체가 바로 무협이라는 장르인데요. 독자들은 무협소설을 읽으며 자신의 로망을 대리만족하기도 하죠. 현실에선 불가능한 것들을 간접 체험하며 만족감을 줄 수 있다는 게 가장 큰 매력이에요.

편 소설의 제목은 어떻게 짓는지 궁금해요.

노 주인공의 일생을 압축할 수 있는 몇 개의 단어 또는 하나의 문장을 제목으로 짓고 있어요.

편 앞으로 독자들과 소통하고 싶은 이야기는 무엇인가요?

노 공감할 수 있는 이야기요. 나를 비롯한 가족, 친구, 지인 그리고 여러분, 누구에게나 충분히 일어날 수 있는 이야기를 재미있게 보여드리고 싶어요.

웹소설작가
노경찬 스토리

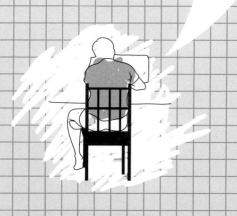

편 어린 시절에 대한 이야기도 궁금해요. 부모님은 어떤 분이셨고, 어린 시절 환경은 어땠나요?

노 부모님은 평범한 분이셨어요. 당시에는 지금처럼 장난감이 흔하지 않았고, 저희 집의 경제상황도 여유롭지 못해서 친구들과 공터로 나가 땅따먹기나 사방치기를 하며 놀았죠. 그러던 어느 날 동화책 한 권이 제 손에 들어왔어요. 동화작가 안데르센이 쓴『바보 한스』라는 책이었죠. 한스는 수년을 일한 대가로 금 한 덩이를 받았는데, 그걸 경주마로 바꾸고, 경주마를 소로, 소는 양으로, 양은 빵으로 바꾼 바보였어요. 하지만 한스는 빵을 먹고 배가 부르다는 이유로 행복해했죠. 다른 책도 읽고 싶었는데, 읽을 책이 없다 보니『바보 한스』를 읽고 또 읽었어요. 그러다 보니 수백 번은 읽게 되었고, 이때부터 같은 책을 여러 번 읽는 습관이 생기게 되었죠.

편 형제는 어떻게 되세요?

노 1남 1녀 중 장남이에요.

편 중, 고등학교 시절에 대해 이야기해주세요.

노 중학교 때『영웅문』이란 소설을 읽게 되었어요.『영웅문』

은 대한민국 역사상 가장 많이 팔린 무협소설로 김용 작가의 3 부작 무협소설인 『사조삼부곡』이 원작이에요. 국내에 번역 출 간되며 『영웅문』이라는 제목으로 바뀌었죠. 당시에는 무협 시 장이 완전히 죽어있었는데 이 소설이 큰 인기를 얻자 김용 작 가의 다른 소설들도 베스트셀러가 되었어요. 정말 재미있게 읽는 바람에 장르소설에 푹 빠지게 되었어요. 책 읽느라 학업 은 뒷전이 되었고, 자연히 성적도 떨어졌죠. 그래서 학창시절 내내 성적은 반에서 중간 정도 했던 걸로 기억해요.

편 특별히 좋아했던 과목이 있었나요?

노 사실 소설에서 느끼는 재미를 교과서에서 기대하긴 힘들 잖아요? 소설을 많이 읽다 보니 학교 수업은 너무 지루하게 느 껴졌고 전혀 흥미를 느끼지 못했어요. 좋아하는 수업도 없었 고요.

편 대학에서는 어떤 과목을 전공했나요?

노 고등학교는 부모님의 반대를 무릅쓰고 실업계로 갔어요. 그리고 전문대 소방과에 진학했죠. 소방과가 지금 하는 글 쓰 는 일과는 관련이 없지만 작가로 데뷔하기 전까지 습작을 하면서도 먹고 살 수 있는 발판이 되었어요.

편 학창시절 기억나는 사건이 있나요?

노 제가 다섯 살 때 한글을 깨우치고 여섯 살 때부터는 책을 읽기 시작했는데요. 가정 형편상 책을 많이 살 수가 없어서 매번 읽었던 책을 다시 읽곤 했어요. 어느 날 동네를 걷는데 책장에 책이 가득 꽂혀있는 가게가 있기에 멈춰 서서 그 책들을 하염없이 바라봤죠. 그랬더니 그 가게에서 일하던 누나가 들어 와서 보라고 하는 거예요. 그 누나 덕분에 어린이용 세계문학전집을 실컷 읽을 수 있었죠. 중, 고등학교 시절엔 만화방이 참 많았어요. 지금의 만화카페와 같은 곳인데, 제가 만화방 단골이라 주인아저씨께서 종종 가게를 맡기셨어요. 가게를 보는 동안은 공짜로 책을 볼 수 있어 만화방에도 자주 갔었던 기억이 나네요.

편 소설을 읽는 것뿐만 아니라 직접 소설을 쓰기도 했나요?

노 글 쓰는 것도 좋아해서 『퇴마록』 팬픽^{대중적으로 인기를 끄는 작품을 대상으로 팬들이 자신의 뜻대로 비틀기 하거나 재창작한 작품}도 써보고 시도 많이 썼어요. 지금과 달리 그 당시에는 시를 쓰는 일이 어렵지 않았거든요. 시를 바라보는 시각이 달랐기 때문이겠죠. 당시엔 시 쓰는 일이 즐거워서 군대 가기 전까지는 계속 썼어요.

편 친구들한테 보여주기도 했나요?

노 제가 쓴 것들이 그럴듯하게 보였는지 제 글을 읽은 친구들한테는 칭송을 받았어요.

편 어렸을 때부터 책읽기를 좋아했는데, 문학을 전공하고 싶다는 생각은 안 했나요?

노 예전에는 가끔 그런 생각을 했는데요. 문학이란 누가 가르쳐준다고 잘할 수 있는 것이 아니라는 생각이 들었어요. 결국 글은 혼자 쓰는 것이니까요. 문학 수업보다는 제 사고의 확장이 더 중요하다고 생각했죠.

편 어렸을 때 꿈은 뭐였나요?

노 어렸을 때는 특별히 되고 싶은 것도 욕심도 없었어요. 가정형편이 어렵다 보니 앞으로는 돈 걱정 없이 먹고살면서 좋아하는 책을 실컷 읽을 수 있는 환경만 갖춰지면 좋겠다는 소박한 바람만 있었죠.

편 그럼 언제부터 이 꿈을 꾸신 건가요?

노 2004년도 가을 무렵이에요. 그때 글을 써야겠다는 결심을 하게 되었죠.

편 작가가 되기까지 8년 정도 걸렸다고 했는데, 그 오랜 기간을 버티는 일이 힘들지는 않았나요?

노 중간중간 포기할까 하는 생각을 수없이 했어요. 그래도 본업이 있어서 먹고 사는 문제는 해결됐기에 부담감이 덜한 편이었죠. 만약 본업이 없고 글로 성공을 해야만 먹고 사는 일이 가능했다면 그토록 오래 참고 견디지는 못했을 거라 생각해요. 수입이 있으니 제 글의 반응이 좋지 않아도 다시 쓰면 된다는 생각 덕분에 버틸 수 있었죠.

편 직업을 선택하는데 도움을 준 사람들이 있나요?

노 어려서부터 책을 좋아했고 내 소설을 써보고 싶다는 생각으로 시작한 일이라 이 직업을 갖는데 특별히 도움을 주신 분은 없어요.

편 작가가 되고난 후 주변 반응은 어땠나요?

노 어려서부터 책을 끼고 살아서 문학 소년이라는 말을 많이 듣고 자랐는데, 작가가 되었다고 하니 가족은 물론 친척들 모두 좋아하세요. 우리 집에서 작가가 나왔다며 자랑스러워도 하시고요.

편 무협판타지 장르 중 좋아하는 영화나 드라마가 있나요?

노 청소년기와 20대를 보냈던 1980년대와 1990년대는 홍콩 영화가 찬란했던 시기였어요. 수많은 홍콩 영화들 중에서도 특히 주성치가 나온 작품을 좋아했어요. 〈서유기-월광보합〉 같은 영화 말이에요. 명나라 문인이었던 오승은의 『서유기』에서 주인공과 틀을 가지고 왔지만 영화의 내용은 가상이에요. 장르의 특성상 설정이 좀 황당하게 느껴질 순 있지만 정말 재미있어서 웃음도 주고 종반엔 감동도 느낄 수 있는 작품이죠.

편 현재의 삶에 만족하시나요?

노 저는 제 스스로 작가라 칭하기까지 8년 정도의 시간이 걸렸어요. 작가란 글로 집을 만드는 사람인데요. 데뷔 후 8년이 될 때까지 제 소설은 중반에 무너지는 일이 많아서 작가라는 칭호가 아깝다고 생각했어요. 작품을 완결해 무너지지 않은 집을 완성해낸 후에 작가라고 제 자신을 소개할 수 있었죠. 지금은 원하던 꿈을 이루고 어엿한 웹소설작가로 글을 쓰고 있으니 얼마나 축복받은 삶인가 싶어요. 만족하지 않을 수가 없죠.

편 자녀가 웹소설작가를 하겠다고 하면 권하실 건가요?

노 웹소설작가가 되고 싶다면 강력하게 지원해주고 싶어요. 제가 해보니 이만큼 좋은 직업이 없거든요. 다만 데뷔를 하고 어느 정도 궤도에 오를 때까지 버티는 과정은 힘들 거예요. 그렇지만 제가 이미 겪어본 일이라 아들이 그 과정을 이겨나가는데 어느 정도 도움이 되지 않을까 싶어요.

편 그밖에 관심을 가지고 활동하는 분야나 최근에 새롭게 도전하는 분야가 있나요?

노 요즘엔 웹툰 스토리를 쓰는데 관심이 많아요. 간혹 요청이 들어오면 게임 시나리오도 쓰고 있고요. 이전부터 계속해서 하고 있던 일이라 새롭게 도전하는 분야는 아니지만 웹툰 쪽에서도 영향력 있는 작가가 되고 싶어 노력 중이에요.

🇵 앞으로 이루고 싶은 목표가 있나요?

🇳 애니메이션이나 영화로 2차 창작될 수 있는 소설을 쓰고 싶어요. 그러려면 굉장히 인기 있는 작품을 써야겠죠? 결국은 정말 재미있는 소설, 많은 독자를 아우르는 소설을 쓰고 싶은 게 앞으로의 제 꿈인 거죠.

🇵 마지막으로 웹소설작가를 꿈꾸는 청소년들에게 한마디 해주세요.

🇳 글을 쓰는 일이 마냥 쉬운 일은 아니지만 그렇다고 너무나 어려운 일도 아니에요. 이 분야는 최소한 노력한 사람을 배신하지도 않고요. 노력했는데도 안 된다 하는 사람은 그 노력이 조금 부족한 거라고 생각해요. 확실한 내 영역을 구축하기까지는 고된 길을 걸어야 해요. 하지만 이 세상에 그렇지 않은 일이 어디 있나요? 정말 작가가 되고 싶다면 우선 많이 읽고, 많이 보고, 많이 생각하고, 많이 써봐야 해요. 지금 키보드 위에 손을 올리고 자신의 이야기를 쓰세요. 그게 바로 작가가 되기 위한 첫 걸음이니까요. 먼저 이 길을 걸은 선배로서 여러분의 꿈을 진심으로 응원해요.

작가의 방

대사형

갈 곳 없이 이곳저곳 떠돌던 여덟 명의 아이들은 은퇴한 삼류 무사의 손에 거둬져 사제 관계를 맺고 어설프나마 무공과 보법 수련을 하며 표사를 꿈꾼다. 그러나 위험한 의뢰를 받고 먼 길 떠난 스승이 돌아오지 않자 하루아침에 생활 전선에 내동댕이쳐진 사형제들. 대사형 선유는 사제들을 먹여 살리기 위해 흑사회 왕남이파에 발을 디딘다.

레드스톰

샴시르 대신 두 개의 대검을 들고 사막을 질주하는 어린 그로
우 율리안. 야망과 복수 모두 자신의 손으로 이루어내기 위해
몸부림치는 율리안. 처음에는 혼자였으나 이제 그의 곁에는
강력한 전사들이 있다. 사막의 정복자, 율리안 프로보크. 그가
붉은 폭풍 레드스톰과 함께 사막을 휩쓴다.

블랙리스트

기사가 되겠다는 꿈을 가지고 아카데미 폴 란데 에베네우스에 입학한 레이지. 그러나 평민과 귀족의 신분차는 너무나도 컸다. 뛰어난 능력을 발휘하고도 제대로 인정받지 못하던 그는 불공정한 결투 끝에 귀족가의 기사 두 명을 죽이고 던전 탐험대에 자원한다. 2백 년 전의 대도둑이자 암살자, 소환사 퍼스널이 남긴 세 군데의 던전. 에고 세트, 마법 던전은 이미 열렸다. 이제 그 마지막 던전의 문이 열리고, 독과 소환술의 계승자가 온다!

사내대장부

서로 다른 곳에서 장부의 길을 찾는 장남 강웅과 차남 강호.
진정한 대장부가 되기 위한 형제의 행보가 시작된다.

사자의 아이

철저한 강자 생존, 맹수의 세계에서 어엿한 한 마리의 수사자로 이름을 받은 자 프라일. 타고난 전투 본능과 헌터로서 갈고 닦은 포스가 빛을 발한다.

순백의 기사

그 일이 있기 전까지 나는 그저 말 잘 듣는 인형에 불과했다. 그러나 이제 나는 기사의 길을 갈 것이다. 망자의 산맥을 넘고 하늘 산맥을 지나 오만의 탑에 이르기까지. 죽음을 불사해야 하는 험난한 길이지만 내게는 나와 함께하는 동료가 있고 나를 믿어 주는 사람들이 있다. '순백의 기사'가 되기 위한 한 사나이의 위대한 여정이 펼쳐진다.

전쟁의 신

아군의 미끼가 되어 목숨을 잃은 문정. 죽기 전 발견한 천하제
일의 무공은 아무 도움도 되지 못했다. 그리고 죽기 직전 보
인 황천. 새로운 삶. 문정은 무능한 장수들 때문에 죽은 자신
과 동료를 생각하며 이번 생애에서는 아무도 잃지 않은 장수
가 되기를 결심한다.

지천명 아비무쌍

고아로 떠돌다 운 좋게 스승을 만나 칼 밥을 먹으며 특급 해결사로 이름을 날리던 노가장. 스물다섯, 사랑하는 여인을 만나 이름대로 가장家長이 된다는 기쁨도 잠시 하루아침에 핏덩이 세쌍둥이와 함께 홀아비 신세가 되어 버린다. 아비는 어떤 경우라도 제 새끼의 입에 먹을 걸 넣어 줘야 하는 존재다. 노가장은 위험천만한 낭인 생활을 때려치우고 천룡회 갑급 무사로 가입하여 자식들 잘 먹이고 잘 입히고자 하지만 억지로 나간 출장 임무에서 목숨이 위험한 일이 연달아 벌어지고 그사이 사방에서 아이들에게 눈독을 들이기 시작한다.

포졸 이강진

성내 최고 부잣집 아들인데다 똑똑하고 잘생겼지만 토끼를 고문하고 개를 해부하며 희열을 느끼는 소년 이강진. 마귀 보듯 그를 슬슬 피하는 사람들과 학우들에게 지쳐 있던 그에게 사람들과 어울려 사는 법을 가르쳐 주겠다며 다가온 백전노병 곽노. 수시로 끓어오르는 살의와 충동을 잠재우기 위해서는 특단의 방법이 필요했으니, 하루 한 시간 달리기, 바를 정자 쓰기, 창술, 봉술. 곽노는 30년 전장에서의 경험과 풍월로 기초 수련뿐 아니라 자객보까지 가르치고, 모종의 이유로 아들이 무공을 익히는 것을 극도로 반대하는 부친 이제원은 은밀히 뒤에서 손을 쓰기 시작한다.

포졸 진가수

장사성의 일개 수문 위사에서 추밀원으로, 포졸 진가수의 찬란한 성공 신화! 그리고 그가 설파한 십팔도락의 향연. 능력만큼만 비리를 저질러야 한다는 과유불급. 직무에 있어 상사의 눈치를 헤아리는 복지부동. 직책이 낮다 불평하지 않고 후일을 도모하는 고진감래. 상사에게 유능한 부하로 찍히지 않기위한 낭중지추. 바로 이것이 진정한 직장인의 살아남기다.

부록

게임시나리오작가
애니메이션시나리오작가
웹툰작가
문화재스토리텔링작가
문학작가

구전소설은 예부터 입으로 전해 내려오다 문자 발명 이후 기록된 문학작품이에요. 곰곰이 생각해보면, 참 신기하죠. 옛 선조들은 이런 이야기들을 반드시 후세에 전해 작품으로 남기자고 약속이라도 했던 걸까요? 오랜 시간 동안 입에서 입으로 돌고 돌아 500년, 1000년 후의 우리들까지 웃고 울리다니! 어떻게 이것이 가능했던 걸까요? 답은 간단해요. 바로 이야기의 힘이에요. 흥미로운 이야기에 사람들이 빠져들었고, 서로 나누었으며, 후세에 전하기까지 한 것이죠. 재미가 있기 때문이에요. 게다가 이야기를 전하면서 슬쩍슬쩍 살을 덧붙여 극적인 장면을 더욱 극적으로 만드는 재미까지 누렸다고 해요. 그래서 구전문학은 대체로 적층적인 특성을 갖죠.

IT 환경이 친숙한 현대인에게 가장 대중적인 오락거리는 게임일 거예요. 게임 산업이 진화하면서 흥미 있는 스토리를 바탕으로 한 게임이 특히 인기를 끌고 있어요. 탄탄하고 흥미 있는 스토리라면 만화나 영화도 이에 못지않을 텐데, 게임이 입지를 계속해서 넓혀가는 이유가 뭘까요? 만화나 영화가 정해진 시나리오에 따라 수동적으로 감상하는 데 반해 게임은 스스로 상황을 만들면서 진행해가는 재미가 있기 때문이에요. 그러니 게임의 성패는 참신하고 흥미로운 스토리 안에 얼마나 다양한 설정과 캐릭터를 담아내느냐에 달렸다고 봐야 할 거예요.

어떤 일을 하나요?

게임시나리오작가가 하는 일은 기본적으로 영화에서 감독이 하는 일과 비슷해요. 영화감독이 좋은 시나리오, 좋은 스텝을 적재적소에 배치하고, 배우들의 연기력을 최대한 이끌어내는 것처럼, 좋은 시나리오와 아이디어를 가공해서 함께 게임을 만드는 사람들이 게임 제작에 최선을 다할 수 있게 해주는 사람이 게임시나리오작가죠.

게임시나리오작가는 게임 아이디어 발상부터 스토리 구성, 맵, 캐릭터 등 게임의 전반적인 레이아웃을 결정하게 돼요. 게임의 전반적인 스토리를 만들고 게임할 때 나오는 대사, 액션, 상황, 이벤트 연출을 담당하죠. 이들은 게임의 특성과 장르에 따라 그에 적합한 게임시나리오를 구성해요. 선과 악의 대결구도를 만든다거나, 등장인물 간의 무한 경쟁구도를 설정하는 등 전체적인 게임의 구도를 만들어내죠. 보통 어떤 게임을 개발할지를 기획하고 나면, 그 기획에 맞는 시나리오 작업이 뒤따라 이루어지기 때문에 게임기획자가 시나리오 작업을 함께 겸하는 경우도 많고요.

어떻게 준비하나요?

예전에 비해 게임시나리오에 관한 전문적인 교육을 받을 수 있는 곳이 점차 늘고 있어요. 대학에 게임 관련 학과가 생기면서 전문적인 교육이 조금씩 이루어지고 있고, 소수이지만 게임 관련 학원, 직업전문학교 등에서 게임시나리오작가 과정을 개설하고 있고요.

게임시나리오작가는 글쓰기 능력은 물론, 풍부한 창의력과 표현력을 갖추어야 해요. 이를 위해 여러 게임을 해보면서 시나리오를 면밀히 분석해보고 시나리오를 직접 작성하는 등의 경험이 중요하죠. 더불어 게임 제작 과정에 관한 지식과 각 장르별 게임의 특성을 파악하는 것도 중요해요. 특히 회사에 들어가거나 프리랜서로 활동하기 위해서는 게임 관련 기관이나 회사 등에서 주관하는 시나리오 공모전에 입상하는 것이 유리하죠.

이 직업의 현재와 미래는?

한류를 이끌었던 드라마와 K-POP에 이어 제2의 신 한류를 이끌 주역으로 게임 산업이 주목받고 있어요. 대한무역투자진흥공사에 따르면, 한류 문화콘텐츠의 수출액 3조 2,000억 중 게임 산업은 1조 8,917억을 기록하며 전체 수출액의 58%를 차지했어요. 게임시나리오작가는 주로 게임개발사에 고용되거나 프리랜서로 활동하고 있어요. 아직 종사자 수가 많지는 않고요. 이제까지는 주로 게임기획자나 그 외 여러 게임 개발 관련 인력이 시나리오 작업을 겸하는 경우가 많았죠. 아직도 직업 자체가 전문화되어 있는 것은 아니에요. 하지만 고사양의 스마트폰이 점차 대중화되면서 게임 유저들은 보다 양질의 콘텐츠를 기반으로 한 게임을 원하고 있죠. 향후 모바일 환경 외에 VR(가상현실), 체감형, 콘솔 게임 등 다양한 환경의 게임이 개발되면 각 장르의 시나리오 작업을 전문적으로 하는 사람들의 수요도 계속 이어질 것으로 보여요.

게임은 적극성을 발휘해야 하는 놀이예요. 게임 유저들은 스스로 상황을 만들어가면서 게임을 진행하고 이 과정에서 흥미를 크게 느끼게 되죠. 그러니 컴퓨터게임의 성패는 있을 수 있는 가능성을 얼마나 담아내느냐에 달려 있다고 할 수 있어요. 게임시나리오작가에게 독창적인 아이디어, 풍부한 상상력, 폭넓은 지식이 중요한 것은 바로 이 때문이죠. 특히 게임시나리오는 영화나 드라마보다 구성 관계가 치밀하고 역동적이어야 해요. 한 가지 상황만 전개되는 스토리가 아니라 게임 사용자들이 선택하는 방법에 따라 다양한 이야기가 나와야 하기 때문이에요. 많은 문학서적을 탐독하는 것이 극적인 구성력을 키우는데 큰 도움이 된다고 해요. 게임시나리오작가를 꿈꾼다면 컴퓨터가 아니라 책부터 친해져야겠군요!

국내 순수 애니메이션 〈라바〉가 2014년에 이어 2016년에도 TV 방송 최고의 권위를 가진 에미상 후보에 선정되었어요. 과거 국산 애니메이션 캐릭터라고는 '로보트 태권V' 밖에 없었던 것을 떠올리면 국내 애니메이션 캐릭터 산업의 발전은 경이로울 정도죠. 이는 다양한 콘텐츠 기획과 제작을 통해 글로벌 진출에 성공한 결과로 이젠 국제무대에서도 인정받을 만큼 그 위상은 날로 커지고 있어요. '라바'는 2009년에 개발한 순수 국내 캐릭터로 애벌레인 옐로우와 레드의 좌충우돌 에피소드를 담은 3D 애니메이션이에요. 아이부터 어른까지 전 연령층에게 사랑받고 있는 라바는 한편에 2분 이내의 짧은 분량임에도 불구하고 큰 인기를 누리고 있죠. 왜 그럴까요? 바로 대사가 없어도 내용을 알 수 있기 때문에 언어장벽을 뛰어넘는 글로벌한 공감대를 형성할 수 있었기 때문이에요. 이번 에미상 후보에 오른 〈라바 인 뉴욕〉은 주인공인 두 캐릭터의 파란만장 뉴욕 생존기를 슬랩스틱코미디 형식의 전개로 유머러스하게 그려내 더욱 인기를 끌었죠.

라바와 더불어 2015년 TV 애니메이션 첫 방영 후 폭발적인 인기를 얻으며 지상파 애니메이션 시청률 전국 1위를 달성하고 품절 대란과 함께 완구 매출 순위 1위 기록하는 등 이례적인 대기록을 세운 '터닝메카드'는 각종 해외 애니메이션이 범람하는 가운데 순수 국산 애니메이션으로서의 자존심을 지키며 독보적인 행보를 밟아가고 있기에 더욱 주목받고 있어요.

사실 과거 다수의 국내 애니메이션은 아이들을 대상으로 한 전래동화의 수준에서 크게 벗어나지 못하는 모습이었지만, 지금은 탄탄한 시나리오를 바탕으로 흡입력 있는 감동까지 이어져 관객의 마음을 사로잡고 있어요. 이것이 바로 애니메이션시나리오작가의 힘 아닐까요?

어떤 일을 하나요?

〈마당을 나온 암탉〉을 본 관객들은 이야기 자체가 주는 재미와 감동도 좋았지만, 등장하는 캐릭터 하나하나가 모두 매력적이었다고 입을 모았어요. 알려진 것처럼 〈마당을 나온 암탉〉은 동명의 동화를 원작으로 하고 있는데요, 애니메이션으로 다시 만드는 과정에서 원작에 등장하지 않는 조연 캐릭터가 삽입되었고, 새로운 에피소드도 곳곳에 추가되었죠. 관객들의 감상평에 따르면, 조연 캐릭터와 추가 에피소드가 원작인 동화에서는 느낄 수 없었던 유머와 박진감을 잘 살렸다는 이야기가 많았어요. 이것이 바로 애니메이션시나리오작가의 힘이 아닐까요?

애니메이션시나리오작가는 애니메이션의 전체적인 스토리를 만들고, 캐릭터의 성격, 행동, 주변 환경 등 이야기의 세세한 부분을 직접 창조해요. 애니메이션시나리오는 크게 OV용(비디오용 애니메이션), TV용, 극장용으로 나뉘는데, 극장용을 제외하고는 보통 시리즈 애니메이션이 많지요. 애니메이션의 시나리오 작업 과정을 살펴보면, 먼저 독창적인 소재(배신, 복수, 로맨스, 범죄 등)를 선정한 후 작품의 전반적인 스토리를 구상해요. 이는 전체 애니메이션에 뼈대를 잡는 과정으로 제작진(감독, 제작자, 디자이너 등)과의 충분한 커뮤니케이션을 통해 작품의 정확한 색깔을 잡아내는 과정이에요. 시리즈 애니메이션의 경우 1편, 2편, 3편 등 각 편의 간략한 내용을 정하게 돼요. 그 후 본격적인 스토리를 만들기 위해 배경 및 캐릭터를 설정하고 적절한 상황과 인물을 대입시켜 시나리오를 완성해나가죠.

어떻게 준비하나요?

일반적으로 시나리오의 완성도는 흥행 여부와 직결되기 때문에 대체로 신인 작가보다는 지명도가 높은 기존 작가에게 작품 기회가 더 많이 주어져요. 그러니 애니메이션작가로 진출하려면 공모전에 당선되는 것이 가장 좋은 방법이에요. 특히 최근 들어 애니메이션 관련 업계에서는 애니메이션 산업을 육성하고 스토리 부족 문제를 해결하기 위해 다양한 노력을 기울이고 있어요. 그중 하나가 여러 시나리오 공모전을 통해 신인 작가를 발굴하는 것이라고 해요. 따라서 앞으로 애니메이션시나리오작가에 대한 수요도 점차 늘어날 것으로 보여요. 하지만 그만큼 경쟁률이 치열하다는 점을 기억해야 해요. 다시 한 번 정리하면, 먼저 작가로서의 자질 갖추기! 그리고 공모전에 도전하거나 실제 애니메이션 제작에 참여해보기! 이런 방법으로 차근차근 경력을 쌓는 것이 중요해요.

의욕은 충만하지만 완전히 새로운 이야기를 써내는 것이 어렵게 느껴진다고요? 내가 과연 좋은 시나리오를 쓸 수 있을지 두려움부터 느껴지신다고요? 그렇다면 이렇게 시작하는 것도 좋은 방법이에요. 모방은 창조의 첫걸음! 기존의 소설이나 동화 중에서 애니메이션으로 만들면 좋겠다 싶은 작품을 골라 애니메이션시나리오로 바꿔보는 거예요. 새로운 캐릭터도 만들어 넣어 보고, 다소 지루할 수 있는 내용은 빼거나 재미있게 바꿔보기도 하고! 〈마당을 나온 암탉〉도 원래는 동화였어요! 시작이 반이라는 사실을 기억하면서 일단 도전해보면서 이 일이 나와 잘 맞는지도 시험해 봐요.

2000년대 초반만 해도 대학교 앞에는 당구장, PC방, 그리고 만화방이 있었어요. 동네마다 만화책을 빌려주는 대여점이 있었고, 만화를 좋아하는 친구들은 월간 만화잡지를 정기구독하기도 했었죠. 그런데 불과 10년 사이 만화 시장에는 큰 변화가 생겨났어요. 종이책 만화는 사양산업의 길로 접어들었고 컴퓨터, 패드, 휴대폰으로 만화를 보기 시작한 거죠. 그러면서 자연스레 새로운 직업이 생겨났는데요, 종이가 아닌 태블릿으로 그림을 그려 웹에 올리는 사람, 바로 웹툰작가예요.

만화 종이책이 일본 중심이리면 웹툰은 한국을 중심으로 활성화되어있어 전 세계 웹툰 시장을 주도할 수 있는 경쟁력을 가지고 있다고 해요. '영국 런던 도서전'에 설치된 우리나라의 웹툰 전시에서 〈미생〉의 윤태호 작가 팬 미팅에 수백 명이 몰려든 것만 봐도 한국 웹툰의 인기를 실감할 수 있었어요. 미국, 유럽, 중국, 일본에서 웹툰 팬이 증가하면서 국내 업체의 해외 진출도 가속도를 내고 있다고 해요. 이는 단순한 인기를 넘어 웹툰이 한국 드라마, 'K-POP'에 이은 '한류 3번 타자'로 부각되고 있음을 보여주는 것으로 평가받고 있어요. 이에 따라 정부도 "K-POP에 이어 만화 한류를 키우겠다."며 '만화 산업 육성 중장기 계획(2014~2018)'을 발표해 웹툰작가의 전망에 청신호를 켰어요.

어떤 일을 하나요?

웹툰이란 '웹(web)'과 '카툰(cartoon)'을 합성한 말로 인터넷에서 연재하는 만화를 뜻해요. 웹툰작가는 만화를 그려 웹에 제공하는 일을 하며, 만화를 그리기 전인 소재 발굴부터 기획, 구상, 취재를 거쳐 시나리오를 작성해요. 그리고 그림 작업에 들어가죠. 그림을 그릴 때는 콘티(만화 설계도)를 짠 다음 컷을 나누고, 스케치, 펜 터치, 채색, 편집, 대사 삽입 등의 순서로 후반작업이 구성돼요.

과거에는 웹툰작가들도 종이에 그림을 그리고 스캔한 뒤 포토샵을 하는 경우가 종종 있었지만, 최근에는 태블릿PC 등의 등장으로 종이를 사용하지 않고 바로 컴퓨터를 사용해 그림을 그리는 경우가 많아요. 이렇게 그려진 그림을 jpg 파일로 전환하여 웹에 올리면 작업이 끝나죠.

웹툰작가들은 주로 네이버나 다음 등 대형 포털에서 연재를 하는 경우가 많아요. 최근에는 네이트, 올레 등도 웹툰 시장에 진출했고, 웹툰만을 전문적으로 서비스하는 레진코믹스나 파파스미디어 같은 사이트도 있어요. 작가들 중에는 본인의 블로그에서 작품 활동을 하는 경우도 있고, 쇼핑몰, 인터넷 서점 등에 관련 웹툰을 연재하기도 해요. 웹툰이 적용될 수 있는 범위가 다양한 만큼 다양한 장소에 웹툰이 게시되죠.

어떻게 준비하나요?

콕 집어 웹툰작가가 되기 위한 정규 교육 과정은 따로 없어요. 현재 활동하는 웹툰작가들을 보면 과거 유명한 만화가의 문하생을 하다가 만화가로 데뷔한 경우, 미술을 전공하고 블로그 등에 그림이나 만화를 그리다가 작가로 데뷔한 경우, 미술과 상관없는 분야를 전공했지만 그림 그리는 것을 좋아해서 작가가 된 경우, 만화가의 문하생이나 어시(Assistant)를 하다 데뷔하는 경우 등 다양한 경로가 있어요.

웹툰작가로 데뷔하는 방법은 크게 3가지 방법이 있어요. 첫째는 포털 사이트의 아마추어 게시판을 통해 데뷔하는 것이에요. 최근 많은 작가들이 이러한 방법으로 데뷔하고 있는데요, 활동하는 작가의 절반 이상이 이 방법을 통해 작가로 데뷔했다고 해요. 네이버는 베스트도전, 다음은 웹툰리그 게시판을 통해 아마추어 작가들에게 공간을 열어주고 있어요. 내용이나 분량, 실력 등에 제한 없이 누구라도 만화를 그려 올릴 수 있고, 게시판에서 인기를 얻은 만화가는 자연스레 데뷔하게 되는 거죠. 이렇게 데뷔하게 되면 인터넷이라는 매체에도 익숙해지게 되고, 일정한 팬층이 형성된 단계에서 데뷔를 하게 되어 안정적인 연재가 가능하다고 해요.

둘째는 공모전에 수상하여 데뷔하는 방법이 있어요. 대학만화 최강자전, 네이버 다음 등 포털 공모전, 각종 공사 및 공공기관의 공모전 등 다양한 웹툰 공모전이 있는데요, 여기서 수상을 하게 되면 수상작을 중심으로 작품을 연재할 수 있는 기회를 잡는 것이 가능하기 때문에 좀 더 빨리 데뷔할 수가 있죠. 최근 다음이나 네이버에 새로 연재를 하게 된 작가들도 공모전에서 수상한 작가들이 많아요.

셋째, 개인 블로그에 자기의 만화를 연재하다 입소문이 나서 데뷔하게 되는 경우로 극히 드문 케이스예요. 웹툰작가가 많이 없던 시절에는 이런 식으로 데뷔하는 작가들이 있었지만 최근에는 이런 방식으로 데뷔하기가 쉽지 않아요.

최근에는 만화 관련 학과 전공자들이 실제 데뷔하여 많이 활동하고 있다고 해요. 만화가 하나의 독립된 산업으로 성장하면서 만화학과가 많이 생겨났어요. 상명대의 만화전공학과, 청강대의 만화창작과 등 만화를 주 전공으로 하는 학과가 있고, 세종대, 극동대, 청주대, 중보대 등과 같이 만화애니메이션학과로 이름 붙여진 학과들도 있어요. 만화학과는 주로 애니메이션이나 카툰코믹스 전공 등의 이름이 많지만, 학과보다는 학교마다 성격이 크게 다르므로 이를 잘 살펴보아야 해요.

실제 작가 수업에 도움이 되는 과정으로 커리큘럼이 구성되어 있는지, 입시 실기를 일반 미술로 보는지 만화 작화로 보는지, 교수진 중에 실제 작가로 활동하고 계신 분들이 있는지 등을 보고 본인의 진로에 맞는 학교의 학과로 진학하는 것이 좋아요.

전공자의 경우 비전공자들에 비해 만화 관련 인맥을 갖기가 수월하고 선후배나 교수를 통한 멘토링으로 인해 더 쉽게 데뷔하기도 해요. 또한 웹툰을 그리게 되는 기반인 포토샵이나 코믹스튜디오, 스케치업 등 다양한 프로그램을 과정 중에 배울 수 있어 도움이 된다고 해요.

기존 만화책(출판만화) 시장이 일본을 중심으로 활성화되었다면, 웹툰은 우리나라를 중심으로 활성화되고 있어요. 2013년 앙굴렘(Angouleeme) 국제만화페스티벌(주제: 2023년 세계 만화의 미래)에서 우리나라가 2003년 이후 10년 만에 주빈국으로 선정되며 한국의 만화가 전 세계에 소개될 수 있는 계기가 마련되었는데요, 이 기회를 통해 만화라면 주로 페이퍼백을 좋아하는 유럽 및 일본에 웹툰이라는 인터넷 만화 서비스를 알리게 되었어요. 2012년 국내 만화시장 규모는 약 7,150억 원으로 이 중 웹툰 시장은 약 1천억 원으로 추정되며 전후방 산업에 미치는 경제적 가치까지 합산하면 1천억 원을 훨씬 웃돌 것으로 추정하고 있어요. 기존 만화 콘텐츠의 온라인 및 모바일 제공 매출, 광고 매출액, 영화 및 드라마 등 2차 저작권료 수입, 유료 웹툰 판매 등 다양한 루트의 수익을 고려하면 2013년 웹툰 시장의 규모는 약 1,500억 원으로 추정되는데요, 이러한 성장세가 지속될 경우 2015년엔 3천억 원 규모로 성장할 전망이에요. 이것은 전체 만화 시장의 약 35%를 차지하는 것으로 웹툰이 국내 만화 시장의 성장세를 이끌어나갈 것으로 보여요.

국내 웹툰 서비스의 방문객(2012)은 네이버가 700만 명, 다음이 300만 명으로 소비계층이 어느 정도 형성된 상태예요. 웹툰 성공작이 출판만화로 넘어오는 등 초기 웹툰 시장과는 다른 면모를 보이며 성장하고 있죠. 또한, 2006년 이후 꾸준히 웹툰을 원작으로 하는 영화가 제작되었고 최근에는 〈은밀하게 위대하게(Hun 작가)〉와 〈더 파이브(정연식 작가)〉, 〈신과 함께(주호민 작가)〉등 성공작들도 내놓게 되었어요. 이외에 〈목욕의 신(하일권 작가)〉 등의 작품이 영화화 진행 중에 있다고 해요.

향후 유료형 웹툰 서비스의 활성화와 웹툰을 비롯한 디지털 콘텐츠에 대한 정책적 지원, 웹툰을 활용한 영화, 드라마, 게임 등 원천 콘텐츠로의 활용 등 웹툰 관련 시장이 다양하게 창출되며 웹툰과 웹툰작가에 대한 시장 수요는 지속적으로 증가할 전망이에요.

하나의 독립된 이야기를 만들고 그것을 구성해야 하기 때문에
상상력과 독창성이 있어야 해요. 한 회차당 소요되는 시간은
작가마다 다르지만 생각보다 시간이 오래 걸리므로 인내심이
요구되죠. 태블릿 PC 등으로 편하게 작업을 할 수는 있지만,
많은 작업이 손으로 진행되는 만큼 손을 자유자재로 움직일
수 있어야 하고, 주로 연재 주기에 맞춰 작품을 주기적으로 완
성해야 하므로 책임감도 요구돼요. 웹툰 중에, 웹툰작가의 작
업 내용을 담은 〈내일은 웹툰〉이나 이종범 작가가 쓰는 〈이웃
집 만화가 종범씨〉의 웹툰작가 데뷔 백서 등을 읽어보면 웹툰
작가의 작업 과정과 데뷔 과정에 대한 정보를 얻을 수 있어요.

조선 후기 때 '전기수(傳奇叟)'라는 직업이 있었어요. 많은 사람들이 모이는 곳에서 고전소설을 낭독해주는 일을 하던 사람인데요, 단순히 책을 읽어주는 것이 아니라 문장에 가락을 붙여 마치 1인극을 하듯이 소설을 낭독했다고 해요. 당시에는 소설을 읽고 싶어도 글을 몰라 읽지 못하는 사람들이 많았기 때문에 전기수는 인기 있는 직업이었죠.

이야기는 예나 지금이나 흥미롭죠. 전기수라는 직업은 없어진지 오래지만, 문화재에 깃든 이야기를 만들어 들려주는 사람들이 있어요. 바로 문화재스토리텔링작가들이죠. 이들은 문화재를 단지 역사적 산물이 아니라 살아 숨 쉬는 독립된 생명체로 다가오게 만들어주는 전문가예요. 이들을 통해 이야기로 풀어낸 문화재는 우리에게 더욱 친근하게 다가오고, 이야기와 만난 문화재는 특별한 가치를 갖게 되죠.

문화재스토리텔링작가는 문화재청이나 지자체의 문화 관리기관 등에 종사하며 문화콘텐츠를 기획하는 일을 해요. 무형이나 유형의 문화재에 역사적 배경과 인물, 당시의 시대상 등 스토리를 더해 문화재와 관련된 가상의 이야기를 만들어내죠. 문화재스토리텔링을 통해서 문화재의 독특한 이미지를 끌어내고 대중이 문화적 가치를 공감하도록 도와줘요. 가상의 이야기지만, 문화재 형성 당시의 역사와 생활 등이 포함되어 있어야 하기 때문에 완전한 허구는 아니라고 해요. 어느 정도의 사실을 바탕으로 한 허구라고 볼 수 있죠. 스토리텔링 대상이 되는 문화재는 국보, 보물, 사적과 같이 유형의 문화재를 비롯해서, 승무, 기술, 노래 등 무형문화재, 새나 나무 등과 같은 천연기념물, 그리고 지방의 각종 지역민속문화재 등 그 대상에 제한이 없어요. 형태가 없는 무형문화재의 경우 발생기원이나 생성과정 등을 알기 쉬운 이야기로 만들어내고, 유형의 문화재는 건립 시기와 이유, 건립 목표와 과정 등을 담아 이야기로 풀어낸다고 해요.

　문화재스토리텔링작가는 본인들이 만든 스토리들을 책으

로 엮어 교육도서를 출간할 수도 있으며, 문화재청, 한국관광공사, 한국문화재보호재단 등에서 주기적으로 개최하는 문화재스토리텔링 공모전에 참여하기도 해요.

그동안 문화재 관련 사업은 주로 보존과 관리 위주로 진행되어 문화재 및 역사성 그 자체에 중점을 두었는데요, 이제는 한 발 더 나아가 문화재스토리텔링 작업을 통해 문화재에 얽힌 이야기를 발굴하고 만들어냄으로써 국민들에게 쉽게 정보를 전달하고 문화재의 소중함과 가치도 높여주고 있어요.

'조선왕릉 40기'가 세계문화유산이 된 것도 단종애사(哀史)라는 이야기를 통해 유네스코 실사단의 마음을 움직였기 때문이며, 줄타기라는 무형문화재를 이야기에 녹여낸 영화 〈왕의 남자〉도 이러한 문화재스토리텔링의 예라고 볼 수 있어요.

어떻게 준비하나요?

문화재스토리텔링과 관련된 분야를 전문적으로 가르치는 곳은 대학의 문화콘텐츠학부, 역사콘텐츠학과, 문화스토리텔링학과 등이 있는데요, 협회나 평생교육과정에도 스토리텔러 양성과정 등이 있어요. 서울시에서는 평생학습프로그램의 일환으로 "지역 역사문화 스토리텔러 양성과정"을 제공하고 있는데요, 교육 프로그램은 지역역사문화재, 박물관 등의 현장실습을 포함하여 총 30일 120시간 교육과정으로 구성돼요.

지자체나 문화재청, 관광공사 등에서는 문화유산에 얽힌 이야기를 재조명하는 스토리텔링 공모전을 개최해요. 이 공모전을 통해 문화재스토리텔링작가로 데뷔할 수 있는데요, 참여 조건에 제약이 없어 역사학과 교수나 연구진, 기존 작가, 일반인 등 다양한 사람들이 참여한다고 해요.

이 직업의 현재와 미래는?

21세기는 이야기의 시대예요. 누가 더 많은 이야기 자원을 확보해 재미있게 만들어 내느냐가 국가경쟁력의 주요 원천이 되는 시대가 도래하고 있죠. 주입식으로 이뤄지던 역사교육도 이야기로 풀어 쉽게 설명해주면 지루하지 않고, 외우지 않아도 이해되고 기억에 남는 교육이 되기 때문에 스토리텔링은 교육의 새로운 분야로도 각광받고 있어요.

문화재청에서는 2007년도부터 문화유산에 내재된 이야기를 관광자원으로 개발시켜 나간다는 목표를 가지고 '스토리텔링'을 주제로 한, 문화유산과 관광이 만나는 스토리텔링 페스티벌'을 매년 진행하고 있어요.

국보, 보물 등 주요 문화재부터 지역 향토문화유산까지 스토리텔링을 발굴해 활용하는 것이 널리 퍼지면서, 문화재스토리텔링이 문화콘텐츠의 한 부분으로 자리 잡는 추세예요. 향후 문화산업이 단방향에서 양방향의 소통으로 변화되는 가운데 문화재스토리텔링에 대한 수요가 꾸준히 늘어날 전망이에요.

+ + + + + + + + + + 한　　걸 음　　더 + + + + + + + + + +

문화재스토리텔링작가는 문화재를 중심으로 이야기를 이끌어내야 하기 때문에 고고학, 역사학 등 역사에 대한 기본적인 이해가 필요해요. 역사적 사실에 대한 지식과 글쓰기에 대한 재능이 필요한 분야죠. 방송작가나 창작 작가를 하던 분들이 문화재에 대한 이해를 바탕으로 이 분야에 진출하기도 하고요.

조선왕릉은 조선 역대 왕과 왕비의 무덤으로 총 42개가 있어요. 그중 조선 개국 초기에 조성되어 북한 개성에 자리 잡은 태조왕비 신의왕후 제릉과 정종 후릉 2기를 제외한 40기의 왕릉이 서울 시내와 근교에 자리 잡고 있으며 2009년 조선왕릉 40기 전체가 유네스코 세계유산에 등재되었어요.

조선왕릉 40기는 남한에 있는 조선 왕릉으로 이 중 39개는 서울과 경기지역에 위치해있는데요, 이유는 도성에서 100리 안에 터를 잡는다는 원칙이 있었기 때문인데, 단종의 묘만이 강원도 영월에 자리하고 있었죠. 유네스코 현지 실사단이 한국에 왔을 때 영월에 있는 '장릉'을 방문하여 그에 얽힌 '단종애사'를 들려주었다고 해요.

어린 나이의 단종이 왕위를 빼앗기고 유배된 후 사약을 받고 꽃다운 나이에 생을 마감했고, 이후 복위되었기 때문에 단종의 묘만 서울이 아닌 영월에 자리하게 되었어요. 수양대군에게 왕위를 빼앗긴 뒤 죽음을 맞게 된 단종의 시신은 충신 엄홍도가 거둬 선산에 묻었는데요, 엄홍도는 동강에 버려진 단종의 시신을 수습한 자는 삼족을 멸한다는 세조의 명에도 불구하고 단종의 시신을 거뒀다고 해요.

유네스코 실사단이 실사를 마쳤을 때 마침 비가 내려, 이 비를 엄홍도를 비롯한 '충신의 눈물'에 비유하며 설명했는데요, 이러한 스토리텔링으로 실사단의 마음을 움직여 마침내 세계문화유산으로 등재되는데 큰 기여를 했다고 해요.

"작가라고 하면 왠지 교과서에 나오는 '고뇌하는 예술가'의 이미지가 떠오를 때가 많지만, 사실 우리는 일상에서 수많은 작가들을 접하고 있어요. 여러분들은 해리포터 시리즈를 읽고 자랐고, 예능 프로그램을 보고 웃으며, 미니시리즈 드라마를 보면서 다음 주가 빨리 오기를 기다리죠. 그때마다 소설작가, 방송작가, 드라마작가와 만나고 있는 거예요.

작가가 없다면 우리의 삶은 너무 지루하겠죠? 그래서 영국은 오만하게도 '식민지 인도를 잃더라도 셰익스피어와 바꾸지 않겠다.'고 했는지도 몰라요.

어떤 일을 하나요?

"작가, 영원히 사라지지 않는 작품과 이름을

세상에 남기는 존재"

우리는 이야기꾼!
작가는 자신과 싸움하며 새로운 언어의 조합을 창작해내는 고독한 직업이에요. 하지만 많은 사람을 글로 울고 웃기며, 영원히 사라지지 않는 작품과 이름을 세상에 남기는 존재이기도 해요.

비행기 실종사고로 세상을 떠났지만 『어린왕자』라는 작품으로 21세기에도 살아 숨 쉬는 생텍쥐페리, 이런 작가가 되고 싶지 않나요?

작가는 소설, 시, 수필, 동화 등의 문학작품과 방송프로그램의 대본, 영화나 연극 등의 시나리오를 창작하는 사람을 말해요.

문학작가는 자신의 주력 장르에 따라 소설가, 시인, 수필가, 평론가 등으로 불려요. 작품을 써서 각종 문예지, 신문 등에 발표하거나 책으로 만들어내는 일을 하죠. 방송 프로그램의 대본을 쓰는 방송작가는 우리가 즐겨보는 드라마 대본을 작성하는 드라마작가와 쇼, 코미디, 다큐멘터리 등의 원고를 작성하는 구성작가로 구분되지요. 쇼 프로그램의 구성작가들은 원고도 쓰지만, 방송 출연자를 섭외하는 일도 해야 한대요. 시나리오작가는 영화와 연극의 대본을 쓰고요. 각 장르의 특성에 맞게 영화시나리오작가는 카메라 기술이나 영상 편집 기술을, 희곡작가는 무대장치와 무대 위에서의 배우들의 움직임 등을 고려해서 써야 해요. 이외에 애니메이션이나 게임의 스토리를 전문적으로 창작하는 작가도 있어요. 글 쓰는 일을 전업으로 삼아 작가 활동에 전념하는 사람도 있지만, 대학교수로 활동하거나 각 문화센터, 사설학원 등에서 강의를 하거나 출판업을 겸하는 경우도 많다고 하네요.

작가는 개인적인 경험을 바탕으로 작품을 쓰기도 하지만, 경험하지 못한 것은 직접 현장조사를 나가 자료를 얻기도 해요. 관련 자료를 분석하는 일도 필요하고 실제 인물을 인터뷰해야 할 때도 있기 때문에 하나의 창작품이 완성되기까지는 오랜 시간이 걸리죠.

어떻게 준비하나요?

"뭐니 뭐니 해도

많이 써보는 게 최고!"

시나 소설 등을 쓰는 문학작가는 신춘문예 당선, 전문지·동인지의 추천, 출판사나 잡지 공모전 당선을 통해 작가로 인정받는 경우가 많고, 개인 창작집을 발표하며 작가로 활동하기도 해요. 시나리오작가는 시나리오 공모전에서 상을 받거나 자신이 쓴 시나리오를 가지고 영화사를 방문해 영화사로부터 영화제작 제의를 받아 활동해요. 방송작가는 방송사의 작가 공채, 극본 공모전, 방송작가 양성기관의 추천 등을 통해 일을 시작할 수 있어요.

작가로 활동하는데 특별한 자격 제한은 없어요. 대학의 국어국문학과, 문예창작학과 등에서는 글쓰기에 도움이 되는 교육을 받을 수 있지만, 작품 창작은 개인의 창의력을 바탕으로 이루어지는 것이기 때문에 스스로의 노력으로 실력을 키워 나가는 것이 중요해요. 평소 독서와 사색, 글쓰기 연습을 하고 다양한 경험을 쌓는 것이 필요해요. 시나리오작가의 경우에는 대학의 연극·영화과나 영화아카데미 등의 사설학원을 통해서도 관련 교육을 받을 수 있어요. 이 밖에 각종 문화센터, 대학교 내의 평생교육원 등에서 운영하는 작가양성과정을 통해 전문적인 창작훈련을 받는 사람도 늘고 있다고 하네요.

이 직업의 현재와 미래는?

"이제 스마트폰을 잠시 내려두고

책을 읽어야 할 때"

여러분들은 책읽기를 좋아하는 편인가요? 안타깝게도 스마트폰을 들여다보는 시간이 더 많지는 않나요? 인터넷이나 각종 영상매체가 발달하면서 문학작품을 읽는 사람들이 점점 줄어들고 있어요. 따라서 문학작가의 고용은 다소 감소할 것으로 전망되고 있어요. 하지만 전망이 괜찮은 작가들도 있죠. 한국 영화가 천만 관객을 돌파하는 일이 자주 있는 것을 보면 알 수 있듯, 영화 산업은 계속 성장하고 있어요. 또 방송 채널이 많이 늘어나고 있지요. 이 때문에 시나리오작가와 방송작가들은 활동할 기회가 많아질 것으로 보여요.

+ + + + + + + + + 한　　걸　음　　더 + + + + + + + + + +

작가는 결국 세상 사람들에게 재미있는 이야기를 들려주는 사람이에요. 이야깃거리가 풍부해야 좋은 작가가 될 수 있겠지요. 어릴 때 느꼈던 감정, 일상에서 접하는 즐거운 경험, 번뜩 떠오르는 아이디어 등을 자신만의 노트에 빼곡히 기록해보세요. 풀어낼 이야기가 무궁무진한 작가가 될 수 있을 거예요.

출처

한국고용정보원 워크넷
http://www.work.go.kr

청소년들의 진로와 직업 탐색을 위한
잡프러포즈 시리즈 21

☆ 재미있는 글을 추구하는
웹 소설 작가
web

2024년 9월 20일 | 초판 4쇄

지은이 | 노경찬
펴낸이 | 김민영
펴낸곳 | 토크쇼

편집인 | 박가영
디자인 | 김경희
마케팅 | 신성종
홍보 | 이예지

출판등록 2016년 7월 21일 제2019-000113호
주소 | 서울시 마포구 월드컵북로 98, 202호
전화 | 070-4200-0327
팩스 | 070-7966-9327
전자우편 | myys327@gmail.com
ISBN | 979-11-88091-46-1 (43190)
정가 | 15,000원